地方高等学校科技服务的实践探索

郑晓非 管超 著

内容简介

发挥高校学科齐全、人才密集和对外交流广泛的优势，整合优质资源，深入实施中国特色新型高校智库建设推进计划，着力打造一批党和人民信得过、用得上的高校智库，既可以全面提高学校的办学水平，促进师生走向社会，又可以探索学科建设方向，推进高校科技服务实践。本书通过梳理辽宁省教育科学规划项目"服务区域发展的地方高等学校智库建设研究（课题号：JG16DB304）"成果，以简明扼要、重点突出的形式介绍课题以及持续研究的部分项目成果，说明地方高校智库科技服务实践的探索。本书可为地方高校智库建设提供借鉴，为地方高校有志于发挥专业特点和优势、开展科技服务的师生提供参考。

图书在版编目（CIP）数据

地方高等学校科技服务的实践探索 / 郑晓非，管超著. -- 北京：气象出版社，2024.7. -- ISBN 978-7-5029-8259-1

Ⅰ．G644

中国国家版本馆 CIP 数据核字第 2024AD5024 号

地方高等学校科技服务的实践探索
Difang Gaodeng Xuexiao Keji Fuwu de Shijian Tansuo

出版发行：气象出版社	
地　　址：北京市海淀区中关村南大街 46 号	邮政编码：100081
电　　话：010-68407112（总编室）　010-68408042（发行部）	
网　　址：http://www.qxcbs.com	E-mail：qxcbs@cma.gov.cn
责任编辑：王　聪	终　审：张　斌
责任校对：张硕杰	责任技编：赵相宁
封面设计：楠竹文化	
印　　刷：北京中石油彩色印刷有限责任公司	
开　　本：787 mm×1092 mm　1/16	印　张：9.5
字　　数：225 千字	彩　插：6
版　　次：2024 年 7 月第 1 版	印　次：2024 年 7 月第 1 次印刷
定　　价：60.00 元	

本书如存在文字不清、漏印以及缺页、倒页、脱页等，请与本社发行部联系调换。

前言

为深入贯彻落实党的十八大和十八届三中、四中全会精神,加强中国特色新型智库建设,建立健全决策咨询制度,推动高校智库发展完善,构建中国特色新型智库发展新格局。2015年1月,中共中央办公厅、国务院办公厅印发《关于加强中国特色新型智库建设的意见》提出:"发挥高校学科齐全、人才密集和对外交流广泛的优势,深入实施中国特色新型高校智库建设推进计划,推动高校智力服务能力整体提升。深化高校智库管理体制改革,创新组织形式,整合优质资源,着力打造一批党和政府信得过、用得上的新型智库。"2016年5月,习近平总书记在全国科技创新大会、中国科学院第十八次院士大会和中国工程院第十三次院士大会、中国科学技术协会第九次全国代表大会上发表重要讲话,强调"要加快建立科技咨询支撑行政决策的科技决策机制,加强科技决策咨询系统,建设高水平科技智库"。为新型智库建设指明了方向。为提升沈阳大学服务区域发展的能力、促进办学水平提高,2017年沈阳大学地理系教师组成"服务区域发展的地方高校智库建设研究"课题组,申请辽宁省教育科学规划领导小组办公室立项获批,现"服务区域发展的地方高等学校智库建设研究"(课题号:JG16DB304)已通过结题。

课题组按照学校"坚持服务区域经济社会发展、服务区域产业振兴"的办学理念,在研究中先后与丹东市生态环境局、盘锦市大洼生态环境分局、盘锦市双台子生态环境分局和盘锦市盘山生态环境分局、沈阳市自然资源局辽中分局、新宾县永陵镇政府和云南省绿色环境发展基金会,以及沈阳市林业局、葫芦岛市自然资源局南票分局等协作,完成生态文明建设、资源环境保护修复、乡村规划与建设等领域的科技咨询服务项目多项,并提出社会发展建议2项。项目成果在地方得到实施应用,一些地方的生态文明建设已经获得国家生态文明建设示范区称号,取得了较为显著的成效。这里将课题组在具体的项目研究部分成果,以简明扼要、重点突出的形式进行说明,一是鞭策自己今后更好地发挥地方高等学校智库服务地方发展的作用,二是为有关教师开展科技服务提供参考。

本学术专著的出版由国家自然科学基金项目(42101017)、中国地质调查局东北地质科技创新中心区创基金项目(QCJJ2022-23)、2022年度辽宁省教育厅面上项目(LJKMZ20221822)、2024年度辽宁省科协科技创新智库项目(LNKX2024QN39)联合资助。在此表示感谢。

由于作者学识有限,书中难免存在诸多不妥之处,还望各位读者朋友能够提出宝贵意见,我们将在再版时予以更正!

著者

2024年6月

目录

前言

第1章 地方高等学校智库科技服务 ... 1

1.1 地方高等学校智库建设 ... 1
1.1.1 问题界定与研究方向 ... 1
1.1.2 研究意义 ... 2
1.2 把握实施乡村振兴战略的机遇 ... 2
1.3 地方高校智库科技服务的路径 ... 3

第2章 沈阳市湿地保护修复科技服务 ... 5

2.1 科技服务项目来源 ... 5
2.2 沈阳市湿地资源核验与重点调查 ... 6
2.2.1 湿地核验与调查方法 ... 6
2.2.2 沈阳市湿地第二次调查数据分析 ... 7
2.2.3 重要湿地核验与重点调查 ... 8
2.2.4 重要湿地核验结果 ... 9
2.2.5 重要湿地核验数据变化原因分析 ... 10
2.3 沈阳市湿地保护分区方案 ... 11
2.3.1 湿地保护分区分级管理与目标 ... 11
2.3.2 湿地保护分区 ... 11
2.3.3 湿地保护分区依据 ... 11
2.3.4 湿地保护分级依据 ... 11
2.3.5 湿地分区与分级方案 ... 12
2.4 湿地保护修复目标任务 ... 13
2.4.1 总体目标 ... 13
2.4.2 建立保护管理体系 ... 13
2.5 湿地生态系统保护策略 ... 14

		2.5.1 建设湿地保护区湿地公园 ···	14
		2.5.2 保护湿地连通机制 ···	14
		2.5.3 保护湿地水资源 ··	15
		2.5.4 有效控制土地利用方式 ···	15
		2.5.5 科学编制湿地保护规划 ···	15
	2.6	湿地保护修复重点工程 ··	16
		2.6.1 蒲河辽中下游段湿地保护修复工程 ·························	16
		2.6.2 卧龙湖湿地保护修复工程 ·······································	17
		2.6.3 法库獾子洞湿地保护修复工程 ································	19
		2.6.4 周坨子水库湿地保护修复工程 ································	20
		2.6.5 浑河沈阳下游段湿地保护修复工程 ·························	21
		2.6.6 新民市四台子苇塘湿地保护修复工程 ······················	22
		2.6.7 康平辽河湿地保护修复工程 ···································	23
		2.6.8 法库污水处理厂排放水湿地净化工程 ······················	24
		2.6.9 湿地保护修复基础工程概要 ···································	27
	2.7	效益分析 ··	29
		2.7.1 生态效益 ···	29
		2.7.2 社会效益 ···	30
		2.7.3 经济效益 ···	30
		2.7.4 总体评价 ···	30

第3章 大兰窝棚村村庄规划科技服务 ································ 32

	3.1	科技服务项目来源 ···	32
	3.2	大兰窝棚村现状评价 ···	33
		3.2.1 地理位置与区位 ··	33
		3.2.2 自然环境与资源 ··	33
		3.2.3 经济发展水平 ···	34
		3.2.4 社会发展现状 ···	34
		3.2.5 土地利用结构 ···	36
	3.3	村庄规划引导 ··	37
		3.3.1 乡村国土空间特性分析 ···	37
		3.3.2 农业开发适宜性分析 ···	38
		3.3.3 居住用地适宜性分析 ···	38
		3.3.4 《沈阳市村庄布局规划(2019—2035)》要求 ············	38
		3.3.5 《沈阳市村庄规划编制导则(试行)》要求 ················	38
		3.3.6 村庄发展规划村民诉求 ···	40

- 3.4 村庄发展目标与策略 …… 40
  - 3.4.1 村庄类型与发展定位 …… 40
  - 3.4.2 发展目标 …… 41
  - 3.4.3 规划指标 …… 41
  - 3.4.4 人口规模 …… 41
  - 3.4.5 土地利用规划 …… 42
  - 3.4.6 发展策略 …… 43
- 3.5 村庄产业发展规划 …… 43
  - 3.5.1 产业发展目标 …… 43
  - 3.5.2 产业发展思路 …… 44
  - 3.5.3 产业发展空间布局 …… 45
- 3.6 空间划定与管控 …… 45
  - 3.6.1 生态空间规划 …… 45
  - 3.6.2 农业空间规划 …… 46
  - 3.6.3 建设空间规划 …… 46
  - 3.6.4 用地布局规划 …… 47
  - 3.6.5 集体经营性建设用地 …… 49
- 3.7 村庄建设规划 …… 49
  - 3.7.1 公共服务设施规划 …… 49
  - 3.7.2 道路交通规划 …… 50
  - 3.7.3 交通附属设施 …… 50
  - 3.7.4 公用基础设施规划 …… 50
  - 3.7.5 综合防灾规划 …… 52
- 3.8 土地综合整治规划 …… 53
  - 3.8.1 生产空间整治 …… 53
  - 3.8.2 生态空间整治 …… 54
  - 3.8.3 生活空间整治 …… 54
- 3.9 居民点规划设计 …… 55
  - 3.9.1 农户住房建设 …… 55
  - 3.9.2 庭院建设 …… 55
  - 3.9.3 人居环境提升 …… 56
- 3.10 近期实施项目 …… 56
  - 3.10.1 项目建设引导 …… 56
  - 3.10.2 近期项目安排 …… 57
- 3.11 规划实施保障 …… 58
  - 3.11.1 坚持党的领导,目标导向 …… 58
  - 3.11.2 创新资源管理,产业支撑 …… 58

  3.11.3 尊重村民意愿，聚力落实 ·· 58

  3.11.4 合理有序推进，长效管护 ·· 58

 3.12 大兰窝棚村村庄规划图集 ·· 59

第 4 章 永陵镇饮用水水源地保护科技服务 ·· 72

 4.1 科技服务项目来源 ··· 72

 4.2 水源地保护区划分 ··· 73

  4.2.1 保护区划分方法 ··· 74

  4.2.2 水源地保护区划分结果 ··· 74

  4.2.3 水源地保护区定界 ·· 74

 4.3 水源地保护区规范化建设 ·· 75

  4.3.1 制定水源地保护区管理办法 ·· 75

  4.3.2 建立部门分工职责 ·· 76

  4.3.3 完善水源地水质监测体系 ··· 76

  4.3.4 建设饮用水水源监控信息系统 ··· 77

  4.3.5 水源地保护区污染源监督 ··· 77

  4.3.6 健全水源地安全保障及应急机制 ·· 78

  4.3.7 生态综合治理工程 ·· 78

 4.4 水源地保护区水源涵养林建设 ··· 79

  4.4.1 汇水区森林植被状况 ··· 79

  4.4.2 高效益水源涵养林建设 ··· 81

  4.4.3 水源涵养林资源开发 ··· 84

第 5 章 南票区耕地"进出平衡"方案科技服务 ································· 85

 5.1 科技服务项目来源 ··· 85

 5.2 编制期限与范围 ··· 86

  5.2.1 耕地"转进"实施范围 ·· 86

  5.2.2 耕地"转出"实施范围 ·· 86

  5.2.3 实施程序 ·· 87

 5.3 耕地"进出平衡"核算规则与现状分析 ··· 87

  5.3.1 耕地流出核算规则 ·· 88

  5.3.2 耕地流入核算规则 ·· 88

  5.3.3 耕地利用现状分析 ·· 89

 5.4 耕地"转出"情况分析 ·· 91

####### 5.4.1 耕地"转出"地块基本情况 …… 92
####### 5.4.2 耕地"转出"地块土地利用现状 …… 92
####### 5.4.3 耕地"转出"地块用途 …… 94
5.5 耕地"转进"情况分析 …… 97
####### 5.5.1 耕地"转进"地块基本情况 …… 97
####### 5.5.2 耕地"转进"地块土地利用现状 …… 98
####### 5.5.3 耕地"转进"地块用途 …… 100
5.6 耕地"进出平衡"情况分析 …… 103
####### 5.6.1 耕地"进出平衡"数量平衡分析 …… 103
####### 5.6.2 耕地"进出平衡"质量平衡分析 …… 103
####### 5.6.3 耕地"进出平衡"指标平衡分析 …… 104
####### 5.6.4 耕地"进出平衡"合规性、可行性分析 …… 104

第6章 得胜村"两山"实践创新基地建设科技服务 …… 105

6.1 科技服务项目来源 …… 106
6.2 "两山"基地建设基础 …… 106
6.2.1 得胜村基本概况 …… 106
6.2.2 "两山"基地建设进展 …… 107
6.3 "两山"实践探索存在主要问题 …… 117
6.3.1 摆脱环境资源条件约束,需要全面创新驱动 …… 117
6.3.2 产业发展资金制约转化,需要多方广泛筹集 …… 118
6.3.3 提高"两山"转化成效,需要完善长效机制 …… 118
6.4 "两山"转化典型案例 …… 118
6.4.1 "千亩果园""百亩水果大棚"的特色林果业 …… 119
6.4.2 "百头鹿苑""五畜兴旺"的家庭畜牧养殖业 …… 121
6.4.3 "生态田园＋文化＋旅游"的乡村休闲旅游业 …… 123
6.5 总体思路 …… 129
6.5.1 指导思想 …… 130
6.5.2 基本原则 …… 130
6.5.3 实施年限 …… 130
6.5.4 建设目标 …… 131
6.5.5 建设指标 …… 131
6.5.6 目标可达性分析 …… 133
6.6 重点任务 …… 133
6.6.1 加强环境资源保护,提升绿水青山价值 …… 133
6.6.2 强化发展方式转变,推动产业绿色发展 …… 134

		6.6.3 传承弘扬创新精神,实现金山银山增效 ……………………………… 135

      6.6.3　传承弘扬创新精神,实现金山银山增效 ……………………………… 135
      6.6.4　探索资源转化模式,建立长效管理机制 ……………………………… 135
      6.6.5　深入拓展"两山"转化,加强经验模式总结 …………………………… 136
  6.7　重点项目 …………………………………………………………………………… 137
  6.8　保障措施 …………………………………………………………………………… 139
      6.8.1　加强组织领导,统筹协调推进 ………………………………………… 139
      6.8.2　强化监督激励,健全考核机制 ………………………………………… 139
      6.8.3　拓宽融资渠道,强化经费保障 ………………………………………… 139
      6.8.4　强化人才保障,加快技术研发 ………………………………………… 140
      6.8.5　加强宣传教育,促进全民参与 ………………………………………… 140

第1章 地方高等学校智库科技服务

1.1 地方高等学校智库建设

1.1.1 问题界定与研究方向

1. 问题界定

智库(Think Tank),又叫"思想库"或"智慧库"。最早出现在第二次世界大战时期的美国,是用来讨论作战计划的秘密场所,后来泛指一些专门为政府部门提供决策咨询服务的研究机构。从智库的发展历程来看,现已延伸到政治、经济、文化等社会公共领域的各个方面,因而对智库内涵的理解有着不同的认识。这里理解为智库是指在专业领域内以学术研究成果服务政府导向的,发挥自身科研优势服务社会的研究机构。

高校智库,也称为大学附属型智库,是指以优势学科为依托,以自身高水平教师为主体,从事政策研究与咨询工作的高校附属研究机构。高校智库立足高校建设,人员配置比高校师资队伍更多元,是发挥自身科研优势,整合学科资源,以专业角度为地方发展服务的组织。从智库人员所属的管理体制和运营方式上看,智库可以分为政策研究机构智库、科研院所智库和社会智库。

比较而言,基于不同主体类型的智库与其主要作用,高校智库紧密依托智力资源,包括资深专家、专题数据库和实验室、研究基地及广泛的对外联系等,开展决策咨询研究或科技服务实践。科研院所智库的主要任务是围绕经济社会发展中的重大现实问题开展国情调研,将科研成果转化为决策咨询服务,既有交叉,也有区别。

本课题组提出"服务区域发展的地方高等学校智库建设"研究,是基于对高校智库内涵、智库的主要作用的理解,并针对分别附属于985院校、211院校、普通本科院校的高校智库的发展定位、研究能力和研究条件等实际情况,界定普通本科院校组建的智库为"地方高校智库"。

2. 研究方向

建立中国特色新型智库体系,需从宏观和微观两个层面同步推进,共同引领智库合理有序发展,营造公平竞争的发展环境,实现各类智库的互通互联和国际化发展。本课题组从地方高校智库的定位、功能和主体作用出发,提出智库建设是发挥专业优势,以服务区域发展需求,有针对性地与地方政府职能部门建立长期的、深度的合作为目标,为区域发展提供决策咨询、专题研究和科技服务。

地方高校智库建设研究主要以服务区域为己任。例如,智库的区域研究是美国大学的一项重大发明,产生发展于第二次世界大战之后,是美国高等教育的核心组成部分。智库的创新能力、产品影响力等是媒体密切关注的问题。

地方高校智库建设研究可以限定于自身主要的优势专业领域。例如,约翰·霍普金斯大学布隆博格公共卫生学院的智库实力在全球公共卫生领域可谓首屈一指。学院把教职员工的智力、创造力和多样性视为学院最重要的资源,研究选题通常根据教师研究兴趣和范围确定,并可通过多渠道申请科研经费。研究课题几乎涵盖了公共卫生及其政策相关的所有领域。其中,约翰·霍普金斯宜居未来中心与盖茨基金人口和生殖健康研究中心,以雄厚的研究实力闻名学界。

地方高校智库建设的目的,可以理解为从自身的办学能力和水平、学术成果的层次性和社会影响力等主要因素考虑,按照智库建设发展的内在规律与特点,从区域社会发展需求出发,采用不同的营运策略,应该主动偏向于服务区域发展咨询研究和科技服务,并通过成果发挥更高层次的影响和作用,最终成为具有多元化特色的多层次影响的高校智库。

1.1.2 研究意义

党的十八大以来,建设中国特色新型智库成为一项国家战略。可以预见,随着国家、地方及行业对智库的认识提高、需求的加大,对智库建设投入的增加,智库的数量还会大幅增加。这对于推进我国科学决策、民主决策进程,建立健全决策咨询制度,推动国家治理能力和治理体系现代化有着巨大的促进作用,具有战略性意义。《国务院关于加快科技服务业发展的若干意见》(国发〔2014〕49号)提出到2020年,基本形成覆盖科技创新全链条的科技服务体系,服务科技创新能力大幅增强,科技服务市场化水平和国际竞争力明显提升,培育一批拥有知名品牌的科技服务机构和龙头企业,涌现一批新型科技服务业态,形成一批科技服务产业集群,科技服务业产业规模达到8万亿元,成为促进科技经济结合的关键环节和经济提质增效升级的重要引擎。"重点发展研究开发、技术转移、检验检测认证、创业孵化、知识产权、科技咨询、科技金融、科学技术普及等专业科技服务和综合科技服务,提升科技服务业对科技创新和产业发展的支撑能力"。加快科技服务业发展,是推动科技创新和科技成果转化、促进科技经济深度融合的客观要求,是调整优化产业结构、培育新经济增长点的重要举措,是实现科技创新引领产业升级、推动经济向中高端水平迈进的关键一环,对于深入实施创新驱动发展战略、推动经济提质增效升级具有重要意义。科技服务业是现代服务业的重要组成部分,服务区域发展的地方高校智库具有人才智力密集、科技含量高、产业附加值大、辐射带动作用强等特点。

为此,地方高校智库应将咨询研究与科技服务并重,积极探索服务区域发展的路径,创新服务模式,通过与政府职能部门沟通,优先获取智库发展的研究项目及一定的资金;通过与地方基层互动,承接区域发展问题决策研究、建设项目技术咨询服务,为基层提供项目解决方案。不断扩大智库的影响力,提升智库的价值。

1.2 把握实施乡村振兴战略的机遇

党的十九大报告指出,农业农村农民问题是关系国计民生的根本性问题,必须始终把解决好"三农"问题作为全党工作重中之重,实施乡村振兴战略。党的十九大以来,习近平总书记对实施乡村振兴战略作出一系列深刻阐述,党中央、国务院采取一系列重大举措推动落实,连续发布以乡村振兴为主题的中央一号文件,以及《乡村振兴战略规划(2018—2022年)》《关于实现巩固拓展脱贫攻坚成果同乡村振兴有效衔接的意见》。召开全国实施乡村振兴战略工作推进会议,对新发展阶段优先发展农业农村、全面推进乡村振兴作出总体部署,为做好当前和今后一个时期"三农"工作指明了方向。2021年4月29日,十三届全国人大常委会第二十八次会议表决通过《中华人民共和国乡村振兴促进法》,把乡村振兴的目标、原则、任务、要求等转化为法律规范,强化了走中国特色社会主义乡村振兴道路的顶层设计,夯实了有效贯彻实施乡村振兴战略的保障。

在广大农村地区,全面实施乡村振兴战略,为地理科学走向社会服务提供了历史性的机遇。这是因为地理科学作为一门研究地球表面自然现象和人文现象以及它们之间的相互关系和区域分异的学科,简单地说,就是研究人与地理环境关系的学科,研究的目的是为了更好地开发和保护自然资源,协调自然与人类的关系,使人地关系向着有利于人类社会生活和生产的方向发展。可见,实施乡村振兴战略地理学有着重要作用,也为地理学发展与应用提供了广大的空间和历史性的机遇。

本课题组遵循地理学研究特点的综合性、区域性、动态性,研究方法的多样性,结合人员具有的自然地理学,包括综合自然地理、生态环境、土地学科及自然环境变化等;人文地理学,包括区域地理、区域经济、区域规划、乡土地理学和历史地理等;地理信息技术,包括遥感技术、GIS技术和计算机信息处理技术等学科专业特点和优势,锚定以服务区域乡村振兴发展为重点研究内容,以建设项目科技咨询服务为抓手的智库建设宗旨,并通过与学界互动,吸纳智库建设需要的人才与多方面的协作资源,建设服务乡村振兴,服务"三农"的地方高校智库。

1.3 地方高校智库科技服务的路径

本课题组在完成辽宁省教育科学规划项目"服务区域发展的地方高等学校智库建设研究"和后续不断的科技服务实践中逐渐认识到以下的工作思路和方法,可以作为地方高校智库建设中科技服务实践的路径。

建立良好的、有效的需求对接机制。智库建设需要掌握国家发展战略部署、政府职能部门工作安排和社会基层的建设项目要求,这是科技咨询服务的重要工作。通过主动自觉地学习把握区域社会经济发展的大政方针、顶层设计要求,主动到政府职能部门取得联系,上门沟通探询,找到重点需求。

建立稳定的社会调查平台。通过经常性的基层调查研究活动,全面地与基层单位建立联系,通过长期跟踪调查,掌握长系列的第一手资料,建立提供针对性强的个性化、订单式的信息数据和案例系统库。以观察项目、考察研究的方式,积极主动地与政府职能部门、基层单位开展交流与服务。

创新构建协同合作方式。以协同合作的理念建设地方高校服务"三农"的智库,主要把握协同组织机制保障,通过与地方组织紧密合作,才能为智库制定正确发展战略、确定科学发展目标,厘定合理功能布局,敲定最佳行动方案的能力,以科学决策为引领,创造性地找到智库发展壮大的突破口和着力点,成为智库发展新策略、新点子、新思想的主要来源,才能站得高、看得远,准确把握智库建设与地方发展的需求方向和项目,敏锐察觉智库科技服务的机会。

当代中国正经历着历史上最为广泛而深刻的社会变革,也正在进行着人类历史上最为宏大而独特的实践创新。步入新时代,中国特色新型智库建设迎来广阔的发展前景,也为卓越智库群体的出现创造了难得的机遇,更多优秀智库必将不断涌现。

第 2 章　沈阳市湿地保护修复科技服务

党的十八大以来,以习近平同志为核心的党中央把生态文明建设作为统筹推进"五位一体"总体布局和协调推进"四个全面"战略布局的重要内容,深化生态文明体制改革,坚定贯彻绿色发展理念,开创了生态环境保护新局面。新形势下,党中央将生态文明建设作为关系中华民族永续发展的根本大计,将"美丽中国"纳入社会主义现代化强国建设的目标,将"坚持人与自然和谐共生"作为新时代坚持和发展中国特色社会主义的基本方略之一。在"既要绿水青山,也要金山银山""绿水青山就是金山银山"科学论断的指导下,以内容丰富,针对性强,力度最大,举措最实,推进最快、成效最好的改革实践,积极推进生态文明建设。

地球上的湿地、森林、海洋三大生态系统,湿地有"地球之肾",森林有"地球之肺",海洋有"地球之心"的美誉。湿地位于陆生生态系统和水生生态系统的过渡性地带,在完整的"山水林田湖草"生命共同体的作用下具有多种独特功能,不仅为人类提供大量食物、原料和水资源,而且在维持生态平衡、保持生物多样性和珍稀物种资源,以及涵养水源、蓄洪防旱、降解污染、调节气候、补充地下水、控制土壤侵蚀等方面起到重要作用,提供了不可替代的生态效益。

1992 年,中国加入《关于特别是作为水禽栖息地的国际重要湿地公约》,标志着全面参与全球湿地保护与合理利用。多年来,国家优先选择天然原生湿地保护和对退化湿地示范性生态恢复、重建的湿地保护战略,并在考虑公众利益的前提下,减少天然湿地的进一步丧失和退化。湿地保护与合理利用已经成为政府可持续发展总目标的优先行动。

湿地生态恢复是指通过生态技术或生态工程对退化或消失的湿地进行修复或重建,再现干扰前的结构和功能,以及相关的物理、化学和生物学特性,使其发挥应有的作用。与湿地生态恢复相关是湿地的生态建设,是指根据人类所期望的某些特点和需要,对湿地生态系统现有状态进行改造和建设,最终使经过人类建设的湿地生态系统形成期望具有的某些自然特点。两者科学合理地结合,可以本原地、优化地实现湿地恢复。

湿地退化和受损的主要原因是人类活动干扰,实质是系统结构紊乱、功能减弱与破坏,表现则是生物多样性下降或丧失以及自然景观的衰退。湿地的恢复成功与否受制于湿地的受损程度和对湿地先前特性的了解程度两个因素,遵循湿地恢复和重建最重要的理论基础生态演替,通过生态演替作用分析,设计合理适宜修复方案与管理方式,排除或减缓自然的或人为的干扰压力,湿地生态系统结构、自然景观和生态服务功能是可以被恢复的。沈阳市的湿地,尤其是分布于县域农村的广阔的湿地修复,可以显著地增加绿水青山的价值底色,为乡村振兴提供持久的生态保障。

2.1　科技服务项目来源

贯彻落实国务院《湿地保护修复制度方案》(国办发〔2016〕89 号)和国家林业局等八部委

《关于印发〈贯彻落实湿地保护修复制度方案的实施意见〉的函》(林函湿字〔2017〕63号)的工作要求,完成《辽宁省湿地保护修复实施方案》(辽政办发〔2017〕125号)下达的目标任务,沈阳市政府结合全市湿地的实际状况,将湿地保护修复管理放在生态建设的突出位置,推进湿地保护修复工作,通过全市顶层设计,切实加大湿地保护恢复投入,实现生产空间更加高效、生活空间更加宜居、生态空间更加美丽。

受沈阳市林业局委托,课题组编制《沈阳市湿地保护修复技术方案》。宗旨是根据自然生态环境本底,依托湿地环境的独特性,按照资源环境—经济社会—生态相协调的原则,通过实施湿地保护修复重大工程,实现湿地数量不减少、质量不降低和功能不改变,增强湿地生态系统稳定性,提升湿地生态系统服务功能;切实落实湿地保护责任,强化湿地保护管理,建立湿地保护长效机制;通过强化宣传教育,提高全民湿地保护意识。

2.2 沈阳市湿地资源核验与重点调查

2.2.1 湿地核验与调查方法

技术方案数据来源。采用的湿地资源分布与面积数量,以沈阳市 2010 年全国湿地第二次调查工作数据为基础,通过实地踏勘与遥感解译、地理信息系统分析相结合的方法,对市域范围内已建重要湿地和拟建沈阳市重要湿地分布与面积进行重点调查与核验;对一般湿地的分布与面积,以 2010 年全国湿地第二次调查图件为准。湿地踏勘调查主要包括湿地类型、数量、空间分布、所属流域、保护管理等。

技术方案遥感解译。采用国产高分二号(GF-2)卫星影像,结合实地调查,进行遥感解译核验、更新重要湿地现状面积。高分二号卫星是我国自主研制的首颗空间分辨率优于 1 米的民用光学遥感卫星,是我国目前分辨率最高的民用陆地观测卫星,星下点空间分辨率可达 0.8 米。共使用高分二号卫星影像 51 景,时相以 2017 年为主。遥感解译、地理信息系统分析包括三方面内容:第一,利用 ArcGIS 中的 Data Management 工具对遥感影像进行拼接融合,之后剪裁出核验区影像;第二,由于多种数据投影不一致以及存在空间位置偏移影响,对矢量数据和遥感栅格数据进行地理配准;第三,再从图上均匀选取至少 10 处明显控制点,利用 ArcGIS 中的 Georeference 工具,将湿地第二次调查数据提取与遥感影像叠合,在湿地调查基础上进行图上核验校正。

重要湿地核验与更新。解译符合湿地定义的各类湿地,包括面积为 8 公顷及以上湖泊湿地、沼泽湿地和人工湿地,以及宽度 10 米以上、长度 5 千米以上的河流湿地,分别确定湿地面积、湿地类型、所属三级流域、湿地分布和受威胁状况等基本情况。解译采用 ArcGIS 中的 Editor 工具实现,其中,①目视解译是指利用图像的影像特征(色调或色彩,即波谱特征)和空间特征(形状、大小、阴影、纹理、图形、位置和布局),与多种非遥感信息资料(如地形图、各种专题图)组合,运用其相关规律,进行由此及彼、由表及里、去伪存真的综合分析和逻辑推理的思维过程。基于遥感目视解译先"宏观"后"微观"、先"整体"后"局部"、先"已知"后"未知"、先"易"后"难"等一系列原则,对湿地进行判读。②将判读类型与其建立的解译标志有机结合,准确区分判读湿地类型。按照《全国湿地资源调查技术规程(试行)》要求,沼泽湿地解译精度应在85%以上,其他类型湿地解译精度在90%以上。遥感影像解译完成后,在GIS软件中,将面状湿地解译图、线状湿地解译图、分布图和境界图进行叠加分析,确定斑块位置、所属流域、所属行政区,求算各图斑的面积。③利用空间分析模块对解译出的湿地斑块统计空间信息,对沈阳市重要湿地斑块的空间分布、面积数量进行核验分析;对湿地资源及其利用现状进行评价,并对比分析重点湿地的演变趋势。

2.2.2 沈阳市湿地第二次调查数据分析

对沈阳市2010年完成的湿地第二次调查数据进行类型统计处理分析,结果见表2-1。沈阳市湿地总面积129.20万亩[①],以河流湿地为主,人工湿地占1/4强。

表2-1 沈阳市湿地类型统计表

湿地类型	面积/万亩	百分比/%
河流湿地	79.89	61.83
湖泊湿地	3.32	2.57
沼泽湿地	11.81	9.14
人工湿地	34.18	26.46
合计	129.20	100

将沈阳市湿地第二次调查分布图和沈阳市行政区划图叠加,得到各县(市、区)湿地类型及分布图,统计各县(市、区)湿地资源,得到湿地面积统计表,见表2-2。沈阳市湿地分布以河流湿地为主,主要是辽河干流、蒲河流域。分布以新民市和辽中区占优,比例均超过30%;康平县和法库县均占10%左右,其他地区所占面积均小于10%,和平区、沈河区、大东区、皇姑区均小于1%。

表2-2 沈阳市各县(市、区)湿地面积统计表

县(市、区)	面积/万亩	比例/%
和平区	0.57	0.44
沈河区	0.75	0.58
大东区	0.13	0.10
皇姑区	0.17	0.13
铁西区	1.86	1.44
苏家屯区	2.85	2.20
浑南区	2.79	2.16
沈北新区	6.03	4.67
丁洪区	1.52	1.18
辽中区	39.33	30.44
康平县	16.23	12.57
法库县	11.94	9.24
新民市	45.03	34.85
合计	129.20	100

---

① 1亩≈666.667平方米。

2.2.3 重要湿地核验与重点调查

重要湿地界定标准。按照《湿地保护修复制度方案》《辽宁省湿地保护修复实施方案》要求，沈阳市重要湿地界定标准如下，凡满足以下条件之一的湿地，将界定为此次《沈阳市湿地保护修复技术方案》的重要湿地。

① 已列入《湿地公约》的国际重要湿地名录的湿地。
② 已列入《中国湿地保护行动计划》的国家重要湿地名录的湿地。
③ 已建立的各级自然保护区、自然保护小区中的湿地。
④ 已建立的湿地公园中的湿地。
⑤ 其他对沈阳市具有特殊生态功能或保护意义的湿地。
⑥ 其他具有高度敏感性，或者具有保护压力的湿地。

已建重要湿地核验。截至2017年底，沈阳市已经建成各类重要湿地13处，规划面积44.54万亩，2010年湿地调查面积27.77万亩，包括国家、省级湿地公园，辽宁省第一批、第二批省级湿地公园，市级自然保护区湿地片区。这些湿地满足上述6个条件的前4个条件之一。

拟建沈阳市重要湿地核验。针对沈阳市湿地分布状况，在湿地生态功能和敏感性评价基础上，本技术方案依据重要湿地界定标准，提出辽河干流湿地、浑河湿地、白塔河湿地、蒲河中段湿地、石佛寺水库湿地、丁香湖湿地6处为拟建沈阳市重要湿地。

拟建沈阳市重要湿地的原因是，前3处湿地具有重要生态功能和高度敏感性，且目前承受巨大保护压力，符合界定标准的第5、6条；后4处湿地是沈阳市湿地系统不可或缺的湿地，具有特殊生态功能，符合界定标准的第5条。2010年湿地调查，6处拟建沈阳市重要湿地面积18.06万亩，2017年核验面积24.44万亩，见表2-3。

表2-3　沈阳市重要湿地面积核验数据表

序号	重要湿地名称	批设时间	重要湿地类别	2010年第二次调查面积/万亩	2017年核验面积/万亩
1	法库獾子洞国家湿地公园	2012年	国家湿地公园，第一批省级重要湿地	2.75	2.30
2	辽中蒲河国家湿地公园	2013年	国家湿地公园	0.76	4.67
3	沈北七星国家湿地公园	2013年		—	0.84
4	康平辽河国家湿地公园	2015年		0.55	4.29
5	秀湖省级湿地公园	2015年	省级湿地公园	—	0.03
6	仙子湖湿地	2012年	市级自然保护区，第一批省级重要湿地	7.29	7.51
7	卧龙湖湿地		省级自然保护区，第一批省级重要湿地	9.63	9.84
8	蒲河东段湿地	2014年	第二批省级重要湿地	0.96	1.40
9	蒲河西段湿地			2.22	0.64
10	四道号水库湿地			0.73	1.13
11	康平三台子水库湿地			2.09	1.87

续表

序号	重要湿地名称	批设时间	重要湿地类别	2010年第二次调查面积/万亩	2017年核验面积/万亩
12	牛其堡水库	2002年	五龙山市级自然保护区	0.43	0.44
13	泡子沿水库			1.09	1.10
已建重要湿地面积合计				28.50	36.06
1	辽河干流湿地		拟建沈阳市重要湿地	7.59	10.28
2	浑河湿地		拟建沈阳市重要湿地	5.68	8.90
3	白塔河湿地		拟建沈阳市重要湿地	—	0.30
4	蒲河中段湿地		拟建沈阳市重要湿地	0.07	0.14
5	石佛寺水库湿地		拟建沈阳市重要湿地	4.37	4.42
6	丁香湖湿地		拟建沈阳市重要湿地	0.35	0.40
拟建沈阳市重要湿地面积合计				18.06	24.44
全市重要湿地面积总计				46.56	60.50

2.2.4 重要湿地核验结果

通过对上述沈阳市已建重要湿地和拟建重要湿地的调查，遥感解译后，核验更新重要湿地现状面积为60.50万亩，加上未更新的一般湿地，现有湿地总面积136.43万亩。

核验更新后的重要湿地面积60.50万亩，包括4个湿地类型，其中河流湿地面积最大，占总面积的50.89%；人工湿地和沼泽湿地分别占27.17%、17.56%，湖泊湿地面积最小，占4.38%，见表2-4。

表2-4 沈阳市重要湿地的类型面积比例表

湿地类型	面积/万亩	比例/%
河流湿地	30.76	50.89
湖泊湿地	2.66	4.38
沼泽湿地	10.63	17.56
人工湿地	16.45	27.17
合计	60.50	100

重要湿地及其各类型在县(市、区)的分布面积见表2-5，其中康平县面积最大，达到26.47万亩，且四类湿地类型兼备；辽中区为11.7万亩；大东区和皇姑区没有重要湿地，和平区、沈河区、铁西区、苏家屯区四区面积低于1万亩且都是河流湿地，其他各县(市、区)面积为1万~7万亩，主要都是河流湿地。

表2-5 沈阳市各县(市、区)重要湿地面积及湿地类型面积　　　单位:万亩

湿地区名称	面积	湿地类型			
		河流湿地	湖泊湿地	沼泽湿地	人工湿地
和平区	0.82	0.82	—	—	—
沈河区	0.64	0.64	—	—	—

续表

湿地区名称	面积	湿地类型			
		河流湿地	湖泊湿地	沼泽湿地	人工湿地
大东区	—	—	—	—	—
皇姑区	—	—	—	—	—
铁西区	0.64	0.64	—	—	—
苏家屯区	0.64	0.64	—	—	—
浑南区	3.29	2.54	—	—	0.75
沈北新区	6.89	2.47	—	—	4.42
于洪区	1.54	1.14	—	—	0.40
辽中区	11.70	6.07	—	1.77	3.86
康平县	26.48	13.69	2.65	7.96	2.17
法库县	3.84	—	—	0.69	3.15
新民市	4.02	2.11	—	0.21	1.70
总计	**60.50**	**30.76**	**2.65**	**10.63**	**16.45**

2.2.5 重要湿地核验数据变化原因分析

核验更新重要湿地现状年(2017年)面积60.50万亩，加上未更新的一般湿地，现有湿地总面积136.43万亩，比2010年第二次调查面积增加13.93万亩。

核验更新的重要湿地与2010年分布情况比较分析表明，重要湿地的面积变化原因有以下几方面。

1. 重要湿地保护范围扩大

2010年湿地调查时，部分重要湿地的勾画仅按照当时河流分布范围，没有考虑这些重要湿地的规划范围。此次更新综合考虑了已建重要湿地的规划范围、拟建湿地的保护需要进行遥感解译与范围勾画。如辽中蒲河国家湿地公园、康平辽河国家湿地公园、拟建辽河干流湿地、拟建浑河湿地，分别增加了3.91万亩、3.74万亩、2.69万亩、3.22万亩，见表2-3。总面积的增加主要来源于此。

2. 校验区域少量湿地未勾画

由于当时空间分辨率等原因，2010年湿地调查中部分面积小的湿地没有勾画进来。如沈北七星国家湿地公园、秀湖省级湿地公园棋盘山水库上游段、白塔河湿地，此次核验更新总面积1.17万亩，见表2-3。

3. 部分原有重点湿地的面积略有减少

与原有重点湿地面积相比，蒲河西段湿地、康平三台子水库湿地均有减少，其中蒲河西段湿地减少面积最大，达到1.58万亩。由于开发光伏实验地，康平三台子水库湿地面积减少了0.22万亩，见表2-3。

2.3 沈阳市湿地保护分区方案

2.3.1 湿地保护分区分级管理与目标

根据湿地保护修复管理目标、湿地保护修复原则,为解决沈阳湿地面积减少、植被丧失、生态功能退化等湿地生态环境问题,制定湿地保护分区和保护分级管理机制,据此明确职责,配置相应管理人员,建立湿地保护与合理利用管理协调机制,以便进一步实施湿地保护修复工程等对策。沈阳市湿地保护分区与分级管理主要是依据国家有关标准,综合考虑湿地的自然属性和特征,以及湿地生态服务功能重要性,结合行政区划对湿地进行保护分区和分级管理。

2.3.2 湿地保护分区

湿地斑块划分依据。《湿地分类》(GB/T 24708—2009)综合考虑湿地成因、地貌类型、水文特征及植被覆盖,初步确定将我国湿地分为沼泽湿地、湖泊湿地、河流湿地、滨海湿地及人工湿地5大类28个类型。湿地斑块是湿地资源调查、统计的最小基本单位。下列区划因子之一有差异时,应单独划分湿地斑块。

① 三级流域不同。
② 湿地类型不同。
③ 县级行政区域不同。
④ 土地所有权不同。
⑤ 保护状况不同。
⑥ 湿地受威胁等级不同。
⑦ 湿地主导利用方式不同。

单个湿地小于8公顷,但各湿地之间相距小于160米,且湿地类型相同的,区划为同一湿地斑块,但仅统计湿地的面积。

2.3.3 湿地保护分区依据

对符合下述条件的湿地单独区划为一个湿地区,其他湿地则以县域为单位划分为一般湿地区,按所在的沈阳市县级行政区域名称命名。

① 国际重要湿地。
② 国家重要湿地。
③ 根据湿地保护管理需要,有必要单独区划为湿地区的湿地。

本次分区结合2010年辽宁省湿地资源调查成果以及《国际重要湿地名录》和《中国湿地保护行动计划》公布的国家重要湿地名录,将沈阳全市划分出以县域为单位区划,按湿地分布所在县级行政区域名称命名的13个湿地区。

2.3.4 湿地保护分级依据

分级是在历史湿地调查基础上,结合此次实地考察,除已在重点湿地保护名单上的湿地斑块外,对其他湿地斑块利用专家系统(打分法)进行湿地重要性分级,评价指标以湿地的生态、经济、社会效益为主,结合湿地现状,将价值高、亟须保护的湿地列为重点湿地保护等级。

按照《辽宁省湿地保护条例》《辽宁省重要湿地的确认标准》的有关规定,根据生态区位、生态系统功能和生物多样性的重要性,将沈阳全市湿地划分为重要湿地和一般湿地。

2.3.5 湿地分区与分级方案

根据行政区划与实地调研结果,首先,依据解译核验更新的湿地数据,按照湿地的生态服务功能重要性,将沈阳全市的湿地划分为重要湿地和一般湿地。然后,再将湿地的空间分布与沈阳市行政区空间套合,按照县(市、区)行政区管理范围界线划分,形成沈阳市湿地保护管理分区,同时也构成湿地管理分级。建立以行政区空间范围为基础,市、县(市、区)共同管理重要湿地,县(市、区)、乡(镇)、村共同管理一般湿地的湿地保护管理体系(图2-1)。

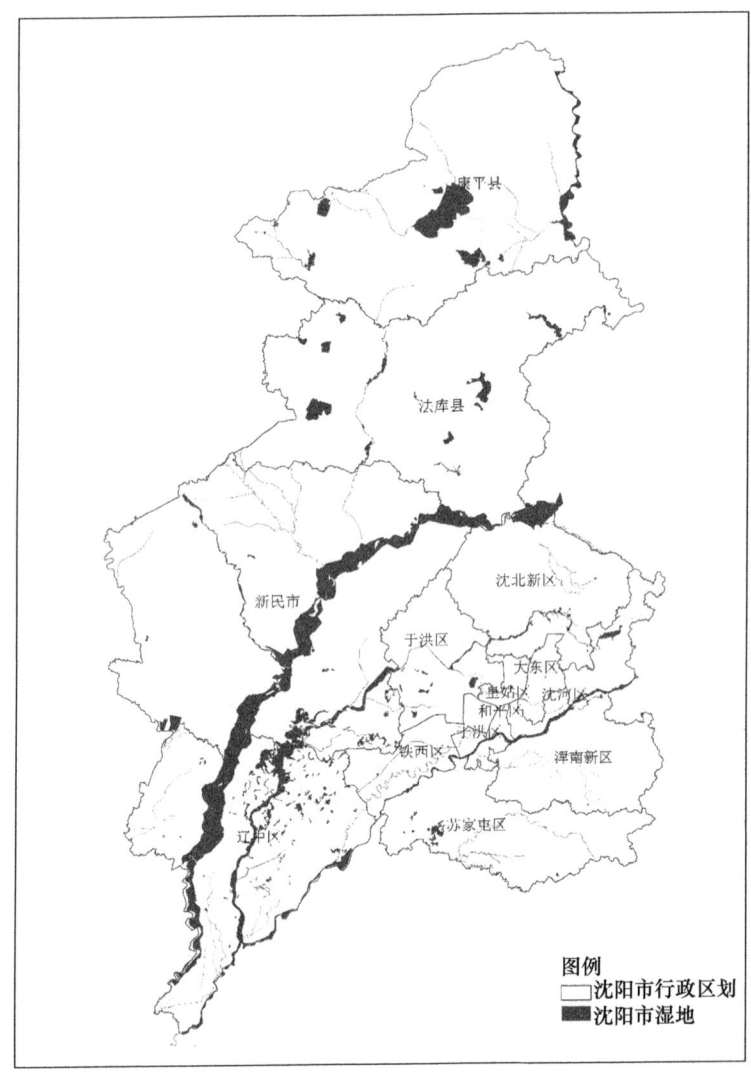

图2-1 沈阳市湿地保护分区图

2.4 湿地保护修复目标任务

2.4.1 总体目标

确保湿地面积总量管控。按照辽宁省政府确定的任务,明确沈阳全市湿地面积管控目标,并逐级分解落实到各县(市、区),落实湿地面积总量管控责任制。

2020年湿地全面保护。全市湿地总面积不低于129.20万亩,占国土总面积的6.65%。确保全市湿地面积不减少,性质不改变,功能不降低。

严格重要湿地总量保护。对重要湿地实施严格保护,使受保护湿地面积达到60.56万亩,湿地保护率为46.87%。全市重要湿地纳入生态保护红线划定范围,并落实到具体地块和红线图。对纳入生态保护红线范围的重要湿地,按照红线管控原则,严格执行生态红线管控措施。确需征占湿地的,一般湿地由市政府批准;省重要湿地由省政府批准。经批准征收、占用湿地并转为其他用途的,用地单位要按照"先补后占、占补平衡"的原则,负责恢复或重建与所占湿地面积和质量相当的湿地,确保重要湿地面积不减少。

湿地保护修复工程建设。按照国家相关标准和要求,从影响湿地生态系统健康的水量、水质、土壤、野生动植物等方面综合考虑,开展全市范围的湿地保护修复工程建设,并建立较为完善的湿地保护修复制度体系。通过实行湿地分级管理,湿地总量和质量控制;开展湿地修复,恢复退化湿地4.78万亩。

开展8个湿地保护修复工程,或城镇污水处理厂排放水体净化湿地建设工程。工程建设突出湿地服务功能重要性,重要湿地修复与一般湿地修复兼顾等辅助决策,通过示范引领,逐步实施,有计划地进行。

到2020年,全市的重要湿地的水质达标率提高到68.75%以上,自然岸线不减少,水鸟种类、湿地野生动植物种群数量不减少。一般湿地区,达到面积不减少,水质有提高。

2.4.2 建立保护管理体系

建立完善的湿地保护管理体系。对重要湿地,通过设立国家公园、湿地自然保护区、湿地公园、湿地保护小区等方式,加强保护与修复管理。对一般湿地,周边区域提高科学用药水平,使用效率提高,农药化肥使用量零增长;全面治理周边畜禽养殖污染,加快推进绿色防控、统防统治,实现周边农业面源污染得到全面治理。

对重要湿地,建立沈阳市、县(市、区)、乡(镇)三级管护联动网络,进行保护与管理;对一般湿地建立县(市、区)、乡(镇)、村三级管护联动网络,进行管理。积极探索设立重要湿地管护公益岗位,提升湿地保护管理能力建设。

到2025年,全市湿地保护能力和管理水平得到显著提升。

2.5 湿地生态系统保护策略

2.5.1 建设湿地保护区湿地公园

建设湿地保护区是保护湿地最积极、最直接、最有效的措施,可以就地保护其生态系统和生物物种。将有重要价值珍稀生物栖息的湿地以保护区的形式进行保护,是很多国家湿地保护通常都采取的方法。建立自然保护区是为了拯救某些濒临灭绝的生物物种,监测人为活动对自然界的影响,研究保持人类生存环境的条件和本身的自然演替规律,找到合理利用资源的科学方法。

湿地公园也是保护湿地的一种有效形式,即在强调生态效益的基础之上强调经济效益。湿地公园的建设是推动区域社会经济可持续发展的"催化剂",也是湿地保护和保育理论的实践成果。

建立湿地保护区是保护湿地生物多样性最有效的措施。目前全国已建立了近百个湿地和水禽栖息地自然保护区。这些湿地保护区在保护湿地和水禽栖息地方面做出重要的贡献。

所以应在适宜地区抓紧建立各种级别的湿地自然保护区,特别是对生态地位重要或受到严重破坏的自然湿地,要果断划定保护区域,实行严格有效的保护。对不具备条件划建自然保护区的,也要因地制宜,采取建立湿地保护小区、各种类型湿地公园、湿地多用途管理区域或划定野生动植物栖息地等多种形式加强保护管理。

2.5.2 保护湿地连通机制

湿地之间分散机制的生物连通性是湿地管理和保护的重点。湿地不是一个独立的空间,相反,是动态的、生物和非生物因素互相联系的一个复杂栖息地。在非生物连通性中,水质量和水流动是一个十分重要的连接物。由于湿地具有巨大食物链及其所支撑的丰富的生物多样性,为众多的野生动植物提供独特的生境,具有丰富的遗传物质。湿地拥有丰富的野生动植物资源,是众多野生动植物,特别是珍稀水禽的繁殖和越冬地。

湿地构成了许多陆生动植物的水生边界,也构成了许多水生动植物的陆地界限。当湿地的水文条件改变时,即使是细微的变化也会引起生物区系在物种丰富度和生态系生产力方面的很大变化。湿地在发育过程中也改变水环境,如湿地通过泥炭积累、固定沉积物、蒸发等改变湿地水环境,降低被洪水淹没的频率。同时,一些动物的活动也会改变湿地水文状况,如海狸在溪流中筑坝,鳄鱼在沼泽地中建洞,这些洞穴在干旱季节成为鱼、海龟、蜗牛及其他水生动物的绿洲。生物连通性中涉及湿地中生物的运动,鱼类、虾蟹、蜻蜓、家畜及牧人、小型的啮齿动物、暂时迁徙进来的水禽都增加着湿地动物的多样性。

湿地之间的生物连通性靠分散的机制来维持,最重要的是以鸟类为媒介的散布。湿地的空间分布也是决定湿地连通性的一个关键因素。

因此,进行湿地保护,应该考虑鸟类的运动和迁徙路线,根据湿地空间分布来进行科学有效地保护。从这个观点出发,应当以减少湿地丧失和建立人工湿地来增加关键区域的连通性。应当对水鸟迁徙有关的所有受保护湿地和没有受保护湿地进行统一的管理,保护湿地之间的连通机制是保护湿地的一个重要途径。

2.5.3 保护湿地水资源

水是生物生命的载体,又是能量流动和物质循环的介质。水文的特殊条件,造就了湿地不同于陆地和深水的第三种生态系统。一些水文条件,如降水、地表径流、地下水、潮汐和泛滥河流为湿地输送或从湿地中带走能量和营养物质。湿地中的水表象为地表季节性积水或常年积水,水处于静止或缓慢流动状态。还常常被贮存于草根层或土壤中,形成不明显的"蓄水库"。湿地是天然的水量调节器,具有调节径流、控制洪水的生态功能,可以对区域防洪、抗旱和减灾发挥举足轻重的作用。

水是湿地生态过程的主要控制因子,水质决定着湿地总的生态系统优劣,水资源保护及优化配置是湿地保护的关键。保护湿地的水资源,就是保护地球上淡水的主要储存库。但是随着目前城市发展和工农业的基本建设,湿地水源污染严重,湿地不断退化,湿地生态系统面临的压力日益增加,直接影响到水资源的安全和生物多样性安全。

各国湿地都存在污染问题,治理水污染成为首要任务。目前各国都在进行对生活污水和工业污水的处理,保护措施有:减少面源污染;污水零排放;实行湖河同治、建立污染监测系统;定期监测流域内水质及化学指标,建立污染控制系统;根据污染监测指数对污染严重区域采取应急措施,并对污染水体进行物理、化学、生物等方法进行净化和降解处理;当地生活污水和工业污水经过处理再利用,用于补给要保护湿地生态用水。

湿地保护和退化湿地恢复,特别干旱时期重要湿地水源补充救济,需要水源保障。应从水资源现状和降水气候发展趋势,制定湿地保障用水需求规划,有利于湿地资源的保护及其退化湿地的恢复、发育或发展。如遇气候异常,持续干旱,在水资源允许条件下,对重要湿地水源进行补充救济,以基本维持湿地性质,防止恶化或进一步退化。

2.5.4 有效控制土地利用方式

盲目改变天然湿地用途,占用天然湿地以作他用,会直接消减天然湿地面积,使湿地功能下降。对土地利用方式的有效控制,是保护天然湿地最关键的环节之一。许多湿地就是因为缺乏有效的控制手段而被占用和丧失了。依法做好湿地登记、确权、发证等基础工作,可以为湿地保护和管理提供依据,并强化对自然湿地开发利用的管理。

对涉及向自然湿地区域排污或改变湿地自然状态,以及占用自然湿地的建设项目,行政审批部门将会同相关部门按照有关法律法规和规划进行环境影响评价,严格审批。对于已破坏或退化的湿地要采取各种补救措施,如生物措施和工程措施等进行综合整治,努力恢复湿地的自然特性和生态功能。

2.5.5 科学编制湿地保护规划

编制湿地保护规划,能够明确建设目标、任务和技术路线,是加强湿地建设,保护和恢复湿地的有效措施。制定合理的保护规划,要充分考虑湿地的生态特性和自然属性,根据区域的自身状况,选择合理有效的湿地恢复方法,以达到在最短时间内,用最少的资金、最合理的技术手段,恢复最多湿地的目的。

湿地保护规划应在保护区资源综合考察评价的基础上,根据国家以及地方相关的管理条例等相关法律法规规范进行编制,为保护区资源"严格保护,统一管理,合理开发,永续利用"提供科学依据。一般的湿地保护规划包括保护培训规划、风景游赏规划、典型景观规划、游览设施规划、基础工程规划、公共环境保护规划、防灾规划、居民社会调控规划、经济发展引导规划、分期发展规划等内容。如西溪湿地保护区总体规划就以完整保存、保护为基本目标,以修复区域的生态环境、改善保护区的水质状况为根本立足点,强调历史脉络的延续,同时在生态允许的范围内恢复其清雅秀丽的湿地自然景观、底蕴深厚的历史人文景观。充分发挥了自然资源、人文资源的综合效益,促进了区域的社会经济和精神文明建设,实现了社会效益、环境效益和经济效益的协调发展。

2.6 湿地保护修复重点工程

湿地保护修复工程建设是按照国家相关标准和要求,从影响湿地生态系统健康的水量、水质、土壤、野生动植物等方面综合考虑,开展全市范围的湿地保护修复工程建设,为建立较为完善的湿地保护修复制度体系积累经验。

水是湿地生态过程和生态服务功能的主要控制因子,水资源保护及优化配置是湿地保护的关键。湿地保护和退化湿地恢复,特别重要湿地水面维护,需要水源补充保障。应从湿地水资源现状和区域降水变化,制定湿地用水需求保障规划,以基本维持湿地性质。水质对湿地生态系统有重要影响,城市发展、工农业生产和基础设施建设,会使湿地水源污染严重,湿地功能退化,湿地生态系统面临的压力日益增加。为防止进一步退化,湿地保护修复工程建设重点是保护水面不减少,水质得到提升改善。

建设湿地保护修复工程8个,通过工程示范引领,逐步实施,增加湿地水面,改善水质,突出湿地生态服务功能重要性,全面保护湿地生态环境。同时兼顾重要湿地修复与一般湿地修复。

2.6.1 蒲河辽中下游段湿地保护修复工程

1. 蒲河辽中下游段概况

蒲河是浑河右岸的主要支流,发源于铁岭县横道河子乡想儿山,经棋盘山水库,穿长大、沈山铁路,经过沈北新区、于洪区和新民市,在冷子堡徐村入辽中区,流经冷子堡、杨士岗等11个乡镇,最后在朱家房乡黄土坎村入浑河。

蒲河辽中下游段范围,包括辽中区9个乡镇的部分区域。地形为南北向长,东西向短,面积为8141.75公顷,其中湿地面积5272.35公顷,现状湿地率64.8%。蒲河流域挺水植物群落有5种,浮水植物群落有7种,沉水植物群落有7种,丰富了蒲河水生植物生境类型。区域北部有鹭鸟保护区,区内栖息着苍鹭、中白鹭、白鹭、牛背鹭、大白鹭、夜鹭等20多个种类的鹭鸟,鸥类、喜鹊、雁鸭类均有分布。

2. 蒲河辽中下游段湿地保护修复设计

蒲河辽中下游段湿地建设,属于重要湿地保护修复工程。目的是以维护湿地水面面积、改善湿地水质为核心,设计湿地修复工程。

湿地保护修复工程位置。蒲河是浑河的重要支流,在辽中蒲河国家湿地公园规划区内入浑河的河段,建设人工湿地工程。湿地既对维护湿地公园水质连通机制产生关键性的影响,也对浑河水质保护有重要作用。

湿地修复工程初步设计。湿地修复工程初步设计主要技术要求如下。

① 工程建设内容。根据蒲河入浑河河口段的自然环境情况,在入河口处修复湿地,占地2250亩,处理河水冬季0.2万吨/天,夏季0.4万吨/天。

水平流式湿地建设。建议采用水平流式人工湿地技术。与其他类型的人工湿地相比,这种人工湿地的水流速度快,虽然对生化需氧量(BOD)、污水中的悬浮物(SS)、氮、磷等污染指标的去除效果一般,但对化学需氧量(COD)的去除效率可达到20%~30%。

② 工程建设要求。蒲河入浑河水经过湿地净化后,使水体中的主要污染物重铬酸盐指数(COD_{Cr})降低25%,河口断面水质达到沈阳市地表水考核达标要求,为浑河水质保护提供支撑。

3. 湿地公园内土地退耕还湿

湿地保护修复工程设计考虑到,在湿地公园规划区内,按照规划"保持河流湿地系统的完整性,河堤内永久性河流只设置湿地保育以及恢复重建区"的安排,并依据本次重点湿地调查结论"现有河流湿地周边仍有大量的旱地、水田和鱼塘",见表2-6。从湿地水面面积保护修复考虑,建议逐步安排约945亩旱地转换土地利用方式,实行退耕还湿。为减少道路对湿地资源的干扰,通过依法做好湿地登记、土地确权等工作,回收河堤外一般农田,退耕还湿,或模拟自然植被群落结构,根据地形地貌特征,按照适地适树的原则人工促进自然更新,最终形成稳定的生态系统,构成辽中蒲河国家湿地公园湿地面积保护机制。

表2-6 辽中蒲河国家湿地公园土地利用方式　　　　　　　　　　　　　　　单位:亩

湿地名称	用地类别		
	旱地	水田	鱼塘
辽中蒲河国家湿地公园	944.9557	22239.01	4766.372

同时,辽中蒲河国家湿地公园管理部门,要对退耕还湿的土地通过开展退化湿地恢复重建和培育,修复湿地的水文生态过程,营造湿地环境。恢复重建区内疏通各灌区之间的相互联系,建立一个以蒲河为中心,周边排灌渠为分支的水网,利用对各灌区的湿地治理,实现湿地水质全面改善。湿地公园不得进行任何与湿地生态系统保护无关的活动。

2.6.2 卧龙湖湿地保护修复工程

卧龙湖湿地是辽宁省最大的内陆平原天然湿地,也是省级自然保护区,其湿地生态服务功能十分显著,在沈阳市自然湿地生态系统中具有不可替代的作用。加强卧龙湖湿地生态建设具有重要意义。

1. 卧龙湖湿地概况

卧龙湖湿地位于康平县中部的县城西,处于内蒙古科尔沁沙地南缘,辽河上游西岸。东西长约17千米,南北宽约13千米,总面积127.5平方千米。现已建成辽宁省级自然保护区。

卧龙湖湿地自然环境较为特殊,为半湿润与半干旱气候、森林与草原植被的过渡带,属典型农牧交错区,生态区位极为重要,为一级生态敏感带。湿地有记录的物种达797种,其中,维管束植物183种、浮游植物151种、浮游动物38种、鱼类36种、两栖类7种、爬行类10种、鸟类139种、兽类18种、昆虫类215种,是辽宁省最重要的野生物种集中地,是具有重要生物多样性保护价值的地区之一。处于干旱、半干旱地区的卧龙湖自然保护区拥有本地带难得的浩瀚水域和繁茂水草,是珍稀濒危鸟类重要的栖息繁殖地和迁徙途中的重要停歇地。鸟类中有国家Ⅰ级保护动物5种,国家Ⅱ级保护动物22种,此外,保护区还分布着属于国家Ⅱ级保护植物2种。

湿地周边主要包括村庄及人为活动频繁地区,适合开展多种经营及生态旅游活动。

2. 卧龙湖湿地保护修复工程设计

卧龙湖湿地经过多年的修复,已经取得了较为显著的成效。但是,由于处于半湿润与半干旱气候、森林与草原植被的过渡带,属典型农牧交错区的一级生态敏感带自然环境,湿地水源补给和水面维持对其生态功能保护极为重要,对其发挥生态区位意义有决定性作用。

卧龙湖湿地建设属于重要湿地保护修复工程。卧龙湖湿地保护修复工程主要考虑近年湿地保护成果,以维护湿地补水、维护水面面积为核心,设计东马连河、西马连河湿地保护修复工程。

湿地保护修复工程位置。东马连河、西马连河是卧龙湖湿地来水的两条重要河流,其自身湿地修复既对保证卧龙湖湿地水量有重要作用,也对维护与卧龙湖湿地之间的连通机制产生关键性的影响。湿地具体位置分别设在河流入湖的河口处。

湿地保护修复工程初步设计。主要技术要求如下。

① 工程建设内容。根据东马连河、西马连河的自然环境情况,在两河的入湖的河口处分别修复建设人工湿地,分别占地500亩、850亩。处理河水:冬季0.06万吨/天,夏季0.1万吨/天。

② 工程建设要求。东马连河、西马连河的河水经过湿地净化后,使水体中的主要污染物重铬酸盐指数(COD_{cr})降低25%,有利于两河河口处的水质达到沈阳市地表水达标的总体目标,为卧龙湖湿地保护提供支撑。

③ 复合流式潜流湿地。建议采用沈阳市环境科学院开发的复合流式潜流人工湿地技术(以水平流为主与上升式垂直流结合)。与其他类型的人工湿地相比,这种人工湿地的水力负荷大,对生化需氧量(BOD)、化学需氧量(COD)、污水中的悬浮物(SS)、氮、磷等污染指标的去除效果好,对于COD的去除效率在40%~80%,而且很少有恶臭和滋生蚊蝇现象,特别是能够有效解决北方寒冷地区的冬季防冻问题。

3. 卧龙湖湿地周边土地退耕还湿

盲目改变或占用天然湿地土地利用方式,会直接消减天然湿地面积,使湿地功能下降。所以,对湿地周边土地利用方式合理的有效控制,是保护天然湿地最关键的手段之一。依法做好湿地土地登记、确权等基础工作,可以为湿地保护管理提供依据。

依据本次重点湿地调查结论,卧龙湖湿地周边有大量的旱地、水田和鱼塘,见表2-7,应该从湿地水面面积保护修复考虑,要求对湿地周边的旱地约98亩安排退耕还湿,通过转换土地利用方式,形成卧龙湖湿地面积维护、水质提升改善的保护机制。

表2-7　卧龙湖湿地周边土地利用方式　　　　　　　　　　　单位:亩

湿地名称	用地类别		
	旱地	水田	鱼塘
卧龙湖湿地	97.62721	17527.94	8113.147

同时,对涉及向自然湿地区域排污或改变湿地自然状态,以及占用自然湿地的建设项目,行政审批部门会同相关部门按照有关法律法规,开展环境影响评价,严格审批。对于已影响破坏湿地要采取补救措施,如生物措施、工程措施等进行综合整治,恢复湿地的自然特性和生态功能。

2.6.3　法库獾子洞湿地保护修复工程

1. 法库獾子洞湿地概况

法库獾子洞湿地是原法库獾子洞水库,由于水库高程落差较小,加之地方气候平和,久而久之形成了特征明显、环境稳定的浅滩湿地。2012年,经国家林业局批准成立法库獾子洞国家湿地公园。

湿地公园规划区,南起101国道及沿路村庄边线,北至水库坝堤外延170米,东到水库主坝右端至顺边屯公路沿线,西为乡道叶元线。包括水库库区和周边滩地、林地,总面积2799.45公顷,其中湿地面积2047.40公顷。湿地类型为:①沼泽湿地,主要为水位高程54.16~54.88米的带状草本沼泽及周边丰水期淹没的撂荒农田区域,有芦苇、香蒲等植物群落及农田植物分布;②库塘湿地,主要为水位高程54.16米以下的连片水体;③运河、输水河湿地,西北主要为三合成河汇入副坝部分;西南主要为太平山河、榛子街西沟等农田水渠,但多半已经废弃。

湿地以天然降水为主要补水来源,多条入库河流和沟渠使水量和水质均能得到保证。整个湿地水域—水陆交错带—陆地的变化带明显,尤其水陆交错带物种多样性极其丰富,是法库乃至东北地区的湿地物种基因库,也是沈阳地区资源本底条件较好的人工库塘湿地之一。

规划区地带性植物区系以华北和长白植物为主,并有蒙古植物区系渗入,非地带性植被类型广布。初步调查,湿地物种多样性较为丰富,高等维管植物共有52科135属204种,植物群落主要有天然植物群落6种。鸟类多样性突出,鸟类资源共有12目27科70属144种,留鸟5种,夏候鸟55种,旅鸟83种,冬候鸟1种。区内有国家级重点保护鸟类27种,占全区鸟类种数的18.75%。其中:国家Ⅰ级重点保护鸟类6种,国家Ⅱ级重点保护鸟类21种,省级保护鸟类41种;根据《濒危野生动植物种国际贸易公约》,有23种鸟类属于濒危物种。保护这块湿地对法库乃至沈阳的生态环境安全有重要作用。

2. 法库獾子洞湿地保护修复设计

法库獾子洞湿地建设属于重要湿地保护修复工程,目的是以维护湿地水面面积、改善湿地水质为核心,设计湿地保护修复工程。

湿地保护修复工程位置。獾子洞湿地以天然降水为主要补水来源,有多条较小的河流和沟渠入库,是维护湿地连通机制的基础条件,影响水量和水质。目前,湿地规划区内存在部分农田属于违规开垦,应恢复为河漫滩地地貌形态。

湿地保护修复工程初步设计。主要技术要求如下。

① 工程建设内容。恢复重建区,即一级控制区,包括水位高程53.29米以上至湿地公园南部101国道边界部分区域,以及西部叶元线边界之间的区域,总面积16365亩,开展湿地水面修复,即退耕还湿。

同时,针对规划区范围以外的周边农田退水对水质污染的压力,开展"提高科学用药用肥水平,提高农药化肥使用效率,力争实现农药使用总量零增长;控制畜禽养殖污染达标排放"行动。要求县(市、区)乡(镇)村管理机制加大力度,切实提升湿地保护管理能力建设。

② 工程建设要求。湿地恢复重建区总面积16365亩,开展湿地水面修复,即退耕还湿。通过自然恢复与人工恢复、工程措施和生物措施相结合的方式,促进湿地生态系统的恢复演替。进行野生动植物栖息地生境改造,建设栖息地和隐蔽所,扩大鸟类活动范围。提高区域生物多样性,增加湿地面积。湿地保育区,总面积为22275亩的水体,水质提高到景观生态用水标准。

2.6.4 周坨子水库湿地保护修复工程

周坨子水库湿地保护修复工程作为全市一般湿地保护修复的引领,保护修复效果在全市湿地保护修复工作方面有广泛性的示范作用。

1. 周坨子水库湿地概况

周坨子水库湿地(也称单坨子水库,雁沙湖旅游区)位于新民市周坨子乡的柳河西岸,距新民城区25千米,属柳河冲积平原上的平原水库类型。水库始建于1958年,库区海拔平均55米,年平均降水量600毫米。水库占地面积200公顷,中间有方形小岛,库区平均水深2.5米,水面80公顷,湿地62公顷。周边有鱼池及林地、沙丘面积58公顷,沙丘起伏别致。水库水源主要引自柳河上游闹德海水库和柳河水,水中有草鱼、鲤鱼、鲢鱼、鳙鱼等20余种野生鱼类。库区林中鸟类繁多,特别是春秋两季天鹅、大雁、野鸭、丹顶鹤等珍稀鸟类成群而至。

周坨子水库服务周边区域133.42平方千米,生态服务功能和价值意义重大。服务区域有耕地面积8.94万亩,林地面积8万亩,生态湖1800亩,辖9个行政村,38个自然屯,4378户,16300人。目前,雁沙湖绿色农业休闲生态旅游景区形成了水面开阔恬静,数万亩天然森林氧吧,林下野生植物和菌类丰富,一望无际养鱼池、湿地和稻田的资源特色,环境景观优美。

2. 周坨子水库湿地修复设计

周坨子湿地建设属于一般湿地保护修复工程,目的是以维护湿地水面面积、改善湿地水质为核心,设计湿地保护修复工程。

湿地保护修复工程位置。周坨子湿地以天然降水、柳河上游闹德海水库和柳河水为补水来源,柳河河道与库区连接的河渠,是维护湿地连通机制的基础条件,影响水量。目前,湿地周边农田退水对水质污染有较大影响。因此,湿地保护修复工程是修复约3千米的柳河河道与库区连接的河渠,使其成为沟渠湿地,同时增强输水功能。

湿地保护修复工程初步设计。主要技术要求如下。

① 工程建设内容。主要是通过工程措施,对3千米长的柳河河道与库区连接的河渠(沟渠)形状、规模、空间布局进行调整,稳定过水面积,优化沟渠恢复区域内水资源分配格局,重新建立水体间良好的水平联系和垂直联系,改善沟渠湿地生态环境。沟渠湿地保护修复工程主要包括:疏通原有河渠,排除输水阻碍;扩挖小水面,沟通水面;局部深挖和区域滞水等。

同时,针对水库湿地周边农田退水对水质污染的压力,开展"提高科学用药用肥水平,提高农药化肥使用效率,力争实现农药使用总量零增长;控制畜禽养殖污染达标排放"行动。要求县(市、区)乡(镇)村管理机制加大力度,切实提升湿地保护管理能力建设。

② 工程建设要求。疏通原有河渠,排除输水阻碍是恢复原有的自然水力联系通道;扩挖小水面,沟通水面是对过小水面的沟渠边进行挖掘,扩大水面浸润区域,增加淹水面积。沟通水面是通过对相邻的过小水面进行连通,增强水体间自然渗透,增加水体连通性和稳定性;局部深挖是对沟渠水体较浅的区域进行局部深挖,增强垂直方向的水文连通,增加湿地局部水量。区域滞水是在区域下游地带修建小型滞水、留水设施,控制水土流失,增加水面及水量的稳定性。

柳河河道与库区连接的河渠(沟渠)湿地恢复,应用于水文水力条件遭到破坏的退化河流湿地,可以保证周坨子湿地的水量补给,生态系统营养物质正常输入,调节湿地生物群落的水分条件。

3. 控制湿地周边农业面源污染

周坨子水库湿地作为一般湿地,周边有较多的农田,提高科学用药用肥水平,其农药化肥使用要求提高效率,力争实现农药使用总量零增长;控制畜禽养殖污染达标排放,加快推进绿色防控、统防统治。要求县(市、区)、乡(镇)、村管理机制加大力度,切实提升湿地保护管理能力建设。

2.6.5 浑河沈阳下游段湿地保护修复工程

1. 浑河沈阳下游段湿地概况

浑河沈阳下游段河流湿地是指浑河位于苏家屯区永乐街道的中央路大桥曲流处开始,向下游排开,大约至四环路的沿河湿地。浑河是辽宁省除辽河之外名列第二的大河,浑河沈阳城市段全长约32千米。

河流是地球生态环境的重要组成部分,与人类的诞生和发展有着密切的关系。在全世界范围内有一半以上的城市是依靠河流而建的,在城市形成和发展中,河流作为重要的资源和环境载体,关系到城市的生存,制约着城市的发展。

但是,随着工农业生产的迅速发展和居住城市化,含有较高浓度的氮、磷营养物质的生活污水、工业废水以及农田地表径流汇入河流,并在水体中积累,刺激水体中藻类大量繁殖,在表层水中形成了巨大的生物量,引发了水体富营养化,使水质日趋恶化,不仅造成了严重的经济损失,还引起生态环境的变化。因此,恢复生态河道和保护水质就成为生态环境保护的重要课题,开展水体富营养化、水污染控制与治理意义重大。

2. 浑河沈阳下游段湿地修复设计

浑河沈阳(苏家屯)下游段人工湿地建设属于重要湿地保护修复工程,目的是以扩大湿地面积、改善河流水质为核心,设计湿地保护修复工程。浑河湿地修复对全面提升沈阳市地表水达标具有重要作用。

湿地保护修复工程位置。目前,浑河沈阳城市河段的上游、中游已经保护得较为完好。本方案设计在浑河苏家屯区永乐街道的中央路大桥曲流处开始,向下游排开,修复3个河流人工湿地,若干个河心人工岛。

湿地保护修复工程初步设计。主要技术要求如下。

① 工程建设内容。湿地修复是将现状河堤内的约13500亩土地,通过行政干预,依法收回土地使用权属,退耕(退养)还湿。同时,在该河段设计自然岸线恢复工程及若干个人工岛建设。

② 工程建设要求。通过退耕还湿、退养还湿等利用转换方式,变畜禽养殖、私自开垦耕地为湿地,可以增加湿地面积。同时,为沈阳南部污水处理厂排放水净化湿地处理提供预留方案。

河段自然岸线恢复工程、人工岛建设是利用工程技术,整理人类活动干扰破坏的河岸,打通河道中采沙坑遗址与河流的连通,切割现有的下河通道等,在恢复自然岸线的同时,形成一定数量的位于河流中的岛,重新建立水体间良好的水平联系和垂直联系,为湿地涉水鸟类、鸭类等生物提供栖息地,提高河流湿地景观的多样性。

值得注意的是,人工岛建设对河道水流产生影响。因此,从河道水流流场、断面平均流速沿程分布、断面流速横向分布以及断面流量分配比四方面,不同的河段可以通过分析最优计算方案,决定人工岛建设的规模和形态。

2.6.6 新民市四台子苇塘湿地保护修复工程

1. 四台子苇塘湿地概况

新民市苇塘管理所四台子苇塘成立于1958年,位于辽中区、黑山县与新民市交界处的绕阳河新民段。苇塘地区历史原貌为广袤无垠的苇海和茫茫沼泽、草甸。发源于阜新蒙古族自治县扎兰营子乡的绕阳河,南流至黑山、辽中、新民三县(市)交界地,形成了方圆百里的沼泽湿地,绕阳河湿地是候鸟栖息、觅食、停歇、迁徙、繁殖、越冬的理想场所,这里是大自然上千年培育赐给辽宁极为珍贵的生态环境和资源宝库。

苇塘管理所管理土地29000多亩。苇塘分为两块:①四台子湿地。属于沼泽湿地,面积9125亩。位于绕阳河东岸,金五台子镇四台子村,北邻林场林地、部队基地、三台子村集体土地,南邻辽中。②前坨子湿地。属于沼泽湿地,面积3857.25亩。位于绕阳河西岸,北邻二红旗乡的九天地村集体土地,西邻部队基地,南边与黑山苇塘交接。1995年苇塘管理所经费来源改为自筹,为了维持职工生活,陆续开发水田和旱田,现有水田、旱田、林地和滩涂等。

2. 苇塘湿地保护修复设计

新民市苇塘湿地建设属于一般湿地保护修复工程。目的是以恢复湿地面积、改善湿地水质为核心,设计湿地保护修复工程。

湿地保护修复工程位置。苇塘湿地以天然降水、绕阳河泛滥洪水为主要补水来源,有多条低洼沟渠入苇塘库,是维护湿地连通机制的基础条件,影响水量和水质。目前,苇塘管理所管辖区域内存在部分农田开垦,应恢复为低洼地、河漫滩地地貌形态。

湿地保护修复工程初步设计。主要技术要求如下。

① 工程建设内容。苇塘湿地恢复重建区,其中12982亩,开展芦苇植被修复,构建苇塘湿地核心区。

同时,通过工程措施,对绕阳河与苇塘湿地连接的多条低洼沟渠的形状、规模、空间布局进行调整,长度约5千米。稳定过水面积,优化沟渠恢复区域内水资源分配格局,重新建立水体间良好的水平联系和垂直联系,改善沟渠湿地生态环境。沟渠湿地保护修复工程主要包括:疏通原有河渠,排除输水阻碍;扩挖小水面,沟通水面;局部深挖和区域滞水等。

② 工程建设要求。疏通原有多条低洼沟渠,排除输水阻碍是恢复原有的自然水力联系通道;扩挖小水面,沟通水面是对过小水面的沟渠边进行挖掘,扩大水面浸润区域,增加淹水面积。另外,沟通水面是通过对相邻的过小水面进行连通,增强水体间自然渗透,增加水体连通性和稳定性;控制水土流失,增加水面及水量的稳定性。

多条低洼沟渠的恢复,应用于水文水力条件遭到破坏的退化河流湿地,可以保证苇塘湿地的水量补给,生态系统营养物质正常输入,调节湿地生物群落的水分条件。

3. 恢复重建区周边土地退耕还湿

盲目改变或占用天然湿地土地利用方式,会直接消减天然湿地面积,使湿地功能下降。所以,对湿地周边土地利用方式合理的有效控制,是保护天然湿地最关键的手段之一。对苇塘管理所的管辖土地,依法做好土地登记、确权等基础工作,可以为湿地保护管理提供依据。

苇塘湿地周边有近些年开垦的旱地,应该从湿地面积保护修复考虑,要求对湿地周边的旱地16018亩安排逐步退耕还湿,通过转换土地利用方式,形成湿地面积恢复、水质提升改善的保护机制。

2.6.7 康平辽河湿地保护修复工程

康平辽河湿地保护修复工程作为沈阳全市拟建重要湿地保护修复的引领,保护修复效果在全市重要湿地保护修复工作方面有广泛性的示范作用。

1. 康平辽河湿地概况

康平辽河国家湿地公园起始于康平县北三家子街道办事处东西辽河汇合处,结束于康平县郝官屯镇小塔子村。湿地公园水系主要来源于上游的东、西辽河水系。2015年,经国家林业局批准为国家湿地公园,划分为五个功能区:保育区、生态恢复区、宣教展示区、合理利用区、管理服务区。湿地公园是典型的河流湿地生态系统,湿地包括草本、灌木沼泽、内陆滩涂等自然景观。辽河流经区域内,康平一侧植被生长繁茂,北侧多为人工封育林,南侧地势平坦,具有较大面积的原生态湿地灌木植被,芦苇、杞柳、香蒲等湿地草本、灌木点缀其间。

据调查统计,康平辽河国家湿地公园内维管束植物共有 42 科 84 属 160 种,其中,蕨类植物 4 科 4 属 7 种,被子植物 38 科 80 属 153 种。康平辽河国家湿地公园共有脊椎动物 20 目 46 科 152 种。其中:哺乳类 4 目 7 科 13 种,鸟类 10 目 28 科 108 种,两栖爬行类 2 目 6 科 10 种,鱼类 4 目 5 科 21 种。属国家Ⅰ级保护动物有 1 种,属国家Ⅱ级保护动物有 10 种。

2. 康平辽河湿地保护修复设计

康平辽河湿地修复属于拟建重要湿地保护修复工程,目的是以恢复湿地面积、改善湿地水质为核心,设计湿地保护修复工程。

湿地保护修复工程位置。辽河作为输沙量较大的河流,在枯水期水量较少,水流相对平缓,且常有位于河床中的泥沙裸露。在生态恢复区的水流流速较低的河漫滩、河心洲上,采用人工手段补植水生植物,增加河流湿地面积——"生态绿岸""生态绿舟",由南至北多地分布。促进涵养水体,河道水体增加,水质净化。在保育区,利用湿地的良好生境和自我恢复功能,切断生态环境的干扰因子,恢复动物栖息地。

湿地保护修复工程初步设计。主要技术要求如下。

① 工程建设内容。湿地恢复重建区,实施河漫滩、河心洲开展芦苇等多种植被群落恢复重建,增加河流湿地的面积——"生态绿岸""生态绿岛",总面积为 2070 亩。

同时,通过工程措施,恢复长度约 5 千米河岸的自然形状、规模、空间结构,稳定过水面积,优化恢复区域内水资源分配格局,重新建立水体间良好的水平联系和垂直联系,改善河岸湿地生态环境。工程主要包括疏通原有河渠,排除输水阻碍;扩挖小水面、沟通水面等。

② 工程建设要求。以自然恢复为主的恢复方式,通过适度人工辅助,使湿地恢复到一个生境稳定、功能完整的湿地生态环境。

河流湿地一般上游源头处或近岸边,生物多样性较高,在河中间或中游生境异质性最高,在下游则生境缺少变化而生物多样性最低,因此,要优先恢复湿地公园辽河上游的生境。恢复过程中,河道的疏通优先开展。疏通、排除河道中的输水阻碍,恢复原有的自然水力联系通道;扩挖小水面,沟通水面是对过小水面的沟渠边进行挖掘,扩大水面浸润区域,增加淹水面积。另外,沟通水面是通过对相邻的过小水面进行连通,增强水体间自然渗透,增加水体连通性和稳定性;控制水土流失,增加水面及水量的稳定性。

2.6.8 法库污水处理厂排放水湿地净化工程

污水处理厂排放水湿地净化工程选择法库县生活污水处理厂,作为全市污水处理厂排放水变绿水湿地保护修复工程的引领,其水质提升效果在全市水污染治理工作方面、湿地建设方面均有示范作用,也是落实 2016 年沈阳市人民政府印发《沈阳市水污染防治工作实施方案(2016—2020 年)》(沈政发〔2016〕38 号)的有力的、有效的推动。

1. 法库县污水处理厂建设概况

沈阳市现有处理能力 1 万吨/天以上的城镇生活污水处理厂 27 个,广泛分布在各个县(市、区),见表 2-8。提升城镇生活污水处理厂的排放水水质,广泛应用绿水是污水处理亟待解决的问题之一。污水处理厂排放水净化湿地工程建设,可以为灰水变绿水提供示范,也是区域湿地保护修复的重要内容。

表 2-8 沈阳市城镇生活污水处理厂统计表

序号	污水处理厂名称	地址	设计处理量/(万吨/天)
1	北部污水处理厂	于洪区昆山西路 258 号	40
2	仙女河污水处理厂	于洪区青海路 82 号	40
3	沈水湾污水处理厂	于洪区兴凯湖街 21 号	20
4	于洪沙岭污水处理厂	于洪区沙岭街道沙岭村	2
5	于洪造化污水处理厂	于洪区造化街道闸上村	1
6	满堂河污水处理厂	浑南区沈水东路 395 号	2
7	辉山河口湿地污水处理工程	辉山明渠入浑河河口的河滩地	3
8	辉山明渠污水处理厂	大东区东贸路 110 号	3
9	浑南上夹河污水处理厂	浑南区浑南西路后榆树台村 12 号	4
10	浑南区白塔河污水处理厂	和平区浑河站西街道上河湾村	2
11	苏家屯污水处理厂	苏家屯区八一街道任甸村 288 号	5
12	南部污水处理厂	苏家屯区东谟家堡村	60
13	沈北新区污水处理厂	沈北新区新城子天王北街 49 号	2.5
14	蒲河北部污水处理厂	沈北新区大蔡台村	7
15	虎石台北城市污水处理厂	虎石台开发区兴盛街	2.5
16	道义污水处理厂	沈北新区道义五台子村西	5
17	虎石台南城市污水处理厂	沈北新区虎石台镇小桥子村	2.5
18	棋盘山开发区污水处理厂	浑南区双园路环保科学园西行 500 米	1
19	化工园区污水处理厂	于洪区大潘镇林台村	1
20	西部污水处理厂	铁西新区翟家镇大挨金村	15
21	康平县城北污水处理厂	康平县康平镇西村公园桥西南	2
22	康平孔家污水处理厂	康平县孔家村彰恒公路东侧	2
23	法库县污水处理厂	法库县经济开发区	3
24	新民吉康污水处理厂	新民市辽滨街瓦房村	5
25	新民市三达水务有限公司胡台污水处理厂	新民市胡台镇后胡台村胡台污水处理厂	2.5
26	新民市兴隆堡污水处理厂	新民市兴隆堡大荒地村	2
27	辽中区污水生态处理厂	辽中区城南村郭家窑	2

法库县污水处理厂位于法库县经济开发区,设计能力为 3 万吨/天。处理后的排放水水质为《城镇污水处理厂污染物排放标准》(GB 18918—2002)中一级 B 标准,即 BOD 20 毫克/升;

COD 60 毫克/升;SS 20 毫克/升;NH₃(以 N 计)8(15)毫克/升;TN 20 毫克/升;TP1.0 毫克/升。

2. 污水处理厂排放水净化湿地设计

法库县污水处理厂排放水净化人工表流湿地建设工程,属于沈阳市水污染防治的重要内容,对全市有示范性的重要意义。

湿地保护修复工程位置。通过人工湿地工程建设,对法库县污水处理厂排放水进行二次净化,提升水质,通过源头治理对秀水河流域周边环境的污染。

3. 湿地保护修复工程初步设计

本次设计的表流人工湿地面积,原理和主要技术要求如下。

① 工程建设内容。人工湿地设计参照《人工湿地污水处理技术导则》(RISN-TG006—2009),根据水质保护要求,经过人工湿地处理排放标准为《地表水环境质量标准》(GB 3838—2002)的景观用水水质标准,达到"黑水变灰水,灰水变绿水"净化效果。

湿地根据现有低洼地进行抽水压实改造,采用底面铺设防渗膜,池壁采用砖砌,湿地流态采用地表水平流,共设三级。湿地深1.3米,占地面积约540亩,管线工程长约2千米。

污水处理厂排放水流程:污水→格栅→沉砂池→沉淀池→稳定塘→人工湿地→后处理→出水。

排放水净化湿地结构:污水处理厂中水排放管道→地表自由水面人工湿地处理系统→后处理→利用或排放入秀水河。

② 工程建设要求。进出水端设计。人工湿地进水端设垫砖一个,以利于管道的保护,防止因地面不均匀沉降造成管道悬空。三级水平潜流人工湿地中,每级的进水端均设置穿孔花墙,三层开孔,开孔率为4.6%,其目的是为了均匀布水;出水墙采用单排穿孔墙的形式,开孔率为1.53%,目的是涌高出水水位,防止进水断流。此外,由于出水孔的高度决定了人工湿地的水位线的高度,对于湿地的净化功能具有决定性的作用,因此,施工时应注意每级出水处花墙的设置高度。

坡度设计。根据设计规范,对于潜流人工湿地来说,每级人工湿地设计的坡度应为0.7%~1.0%。

均匀布水设计。为了提高布水的均匀性,提高湿地的净化效果,本设计在保证进出水端相差不大的情况下设置了多处穿孔花墙和穿孔墙。此外,在每级的进水端、出水端均设置50厘米宽的卵石区,确保具有一定的缓冲作用和均匀进出水水量的效果。

防渗设计。人工湿地的底部铺设两层HDPE防渗膜,其目的是为了防止污水下渗,进而造成地下水污染和湿地的不均匀沉降。铺设时须注意在每级的进、出水端防渗膜的铺设:均应铺设至外墙壁处,防止水的下渗。

湿地填料。底层填料采用的卵石(粒径40~60毫米,厚度200毫米),中间层采用废砖(粒径20~30毫米,厚度400毫米),上层采用碎石(粒径10~20毫米,厚度200毫米),表层砾石(粒径5~10毫米,厚度200毫米)。湿地填料均为当地易见材料,且废砖的使用还能变废为宝。通过设计单位前期试验,废砖填料不仅具有较强的氮磷吸附能力,其表面多孔隙的特性有利于微生物的附着生长,有利于提高湿地系统的污染物去除能力。

湿地植物。第一级湿地植物选择净化能力强的芦苇、菖蒲等,其具有较强的氮磷富集能力和根系泌氧能力,有利于污染物的去除,大密度种植;第二、三级湿地植物选择净化能力强,且具景观价值的美人蕉、菖蒲等,其生长速度较快,污染物富集能力较强,大密度种植,见图2-2。

(a)

(b)

图 2-2　排放水净化人工表流湿地与河流湿地景观

2.6.9　湿地保护修复基础工程概要

1. 湿地旅游景区保护工程

湿地旅游是湿地保护管理不可忽视的问题。在保证湿地生态第一的前提下,将湿地保护与湿地旅游发展有机结合,可以为游客和居民提供休憩空间,同时有利于加强湿地教育,提升全社会的环境保护意识,是探索湿地资源保护与合理利用的有效途径和方式,尤其是生态环境相对更为脆弱的湿地景区。湿地旅游景区保护工程主要采取以下措施。

湿地植物恢复。常年水位处露滩地带的植物恢复,种植适量的矮生湿地植物幼苗;水中生长植物带恢复,种植形体高的幼苗或繁殖体;滨水带植被恢复以种植湿生灌木的繁殖体或幼苗为主。湿地边界植被恢复时,边界隔离带植被配置应以种植高大乔木和灌木为主;护岸植被带配置以种植根系发达的灌木为主。

水质净化区植被恢复。水质净化区湿地植被应选择污染净化能力较强的种类,提高湿地水体污染物去除效果。浅水区采用带状种植或者片状种植方式构建湿地植物净化带,深水区植被恢复采用浮岛水培种植方式或恢复沉水湿地植被。

水资源环境恢复。根据湿地旅游区内的湿地对水质的要求,对周围带有污染的水质实施恢复措施,以改善水源质量,满足湿地生物的生长繁殖。通过人工对湿地采取补水、滞水以及生态节水的方式对湿地生态的水源提供保障。对其他地方的水要进行净化以后再排入湿地地带,或者采取生物学手段提高湿地生态的自净能力。

2. 湿地保护科研监测工程

湿地保护修复研究涉及管理学、地理学、生态学、水文学、土壤学、生物地球化学等多种学科,多学科的综合研究为有效保护和合理利用湿地资源提供科学依据和技术手段。沈阳市现阶段湿地保护与管理方面还应当在全面开展湿地建设工程的同时,应围绕湿地临界规模、湿地生态系统健康评价、湿地开发预警、湿地开发利用环境影响评价等方面展开研究,建设科研、监测工程。

本次方案提出,建设全市湿地科研、监测站1个。具体要求按照《全国生态状况调查评估技术规范——湿地生态系统野外观测》(HJ 1169—2021)设计。

3. 湿地保护宣传教育工程

公众湿地保护意识淡薄是影响湿地保护的原因之一,沈阳市现阶段湿地保护与管理方面还应当在全面开展湿地建设工程的同时,通过多种宣传教育手段和形式宣传普及湿地知识,提高公众和管理决策者对湿地功能和价值的认识,增强湿地资源保护与合理利用的意识,形成有利于湿地保护的良好氛围。

本次方案提出,建设全市湿地保护宣传教育基地1个。具体要求参考沈阳市科普教育基地建设标准设计。

4. 其他湿地保护修复工程

考虑沈阳市湿地保护修复工作的整体性和必要性,建议适时地开展以下湿地保护修复工程建设。

目前,蒲河中段的生态建设显著落后于东段和西段,因此,为修复湿地连通机制,形成蒲河湿地的整体生态功能,修复建设蒲河中段的湿地是十分必要的。

新民市养息牧河口处约55.12公顷的低洼地,可以修复建设河口湿地;新民市柳河口处约55.60公顷的低洼地,可以修复建设河口湿地。其湿地修复建设可以显著提升这两个河流入辽河的水质,对辽河水质保护和改善有重要意义。

新民芦苇场湿地保护修复工程。新民市林业局根据原有的新民芦苇场情况,提出本次方案增加该芦苇湿地保护修复工程。建议适时地开展湿地建设踏勘,论证湿地修复建设的必要性和可行性。

考虑全市的污水处理厂的处理能力和分布地区,按照《沈阳市水污染防治工作实施方案(2016—2020年)》要求,开展下列4个污水处理厂排放水净化湿地建设。建议适时地开展湿地建设踏勘,论证湿地建设的必要性和可行性。

沈阳南部污水生态处理厂设计能力60万吨/天,排放水净化湿地建设工程。

沈阳细河西部污水处理厂设计能力15万吨/天,排放水净化湿地建设工程。

辽中区污水生态处理厂设计能力2万吨/天,排放水净化湿地建设工程。

新民市胡台村污水处理厂设计能力2万吨/天,排放水净化湿地建设工程。

2.7 效益分析

2.7.1 生态效益

湿地本身的生态服务功能非常明显,通过对湿地全面保护与修复,可以全面落实《沈阳市水污染防治工作实施方案(2016—2020年)》,使湿地生态环境得到极大的改善和提高,生态效益将逐步显现。

初步匡算,如果按期分别完成本方案提出的8个湿地保护修复工程建设任务,可以修复湿地面积约7.08万亩,达到辽宁省政府对沈阳市湿地保护的要求,实现全市湿地保护的目标。

1. 有效保障流域的生态安全

湿地全面保护与修复,将对现有农业开垦和捕鱼行为进行规范管理,对现有河道内的滩涂在不影响行洪的条件下,采取自然恢复和人工促进恢复相结合的措施,进行河滩和江心洲湿地生态系统恢复和重建,以营造不同类型的生物栖息地。一方面,加强对湿地水质保育,保证水质安全,通过湿地保护与恢复工程的建设和湿地净化作用,减少下游水体的污染物和泥沙。另一方面,湿地保护示范作用有助于其他河流湿地的保护,对浑河以及辽河的水质安全都有非常显著的示范意义,最终使水源得到有效保护。

2. 有效保护湿地动植物资源

湿地具备良好的自然资源基础,湿地内分布有典型且环境优良的湿地景观,栖息着种类繁多、数量可观的动植物群落,这些对于湿地的生存来说都是至关重要的。通过湿地保护修复工程合理地规划建设,实现沈阳湿地的可持续发展,将具有较好的生态效益。一方面,有助于确保湿地内物种的生存、繁衍,保护生物多样性,促进该地区湿地景观的维护和保持,保护脆弱的湿地生态系统。另一方面,湿地内生态环境的改善,也将间接影响到周边地区。

2.7.2 社会效益

充分发挥地缘优势,发展湿地生态旅游,无疑是一种前景广阔的绿色环保产业。湿地的建设和正常运营,不仅会产生显著的经济效益和生态效益,还会产生巨大的社会效益。

湿地具有良好的天然湿地生态环境和丰富的湿地景观资源,是人们认识湿地、了解湿地以及进行湿地科学研究和开展素质教育的理想场所。湿地水鸟种类众多,数量巨大,是人们了解和认识湿地鸟类的极佳场所。湿地为青少年环境保护意识和生物多样性保护意识的提高提供了很好的基地,通过湿地与社会各界的共同努力将使环境保护意识和生物多样性保护意识深入民心,使全民都来关心和参与生物多样性保护和环境保护,从而增强人们对湿地和野生动物保护的法制观念和意识。

通过建设湿地可以为城乡居民提供集观光游览、运动锻炼于一体的生态旅游佳境。不仅能满足人们返璞归真、亲近大自然的身心需求,还可以陶冶情操,激发人们热爱生活、热爱大自然的情感,更能增强人们爱护湿地、保护湿地的意识。

生态旅游产业建设与开发为富余劳动力提供了大量的就业机会,对改善人民生活和为社会发展提供一个稳定的社会环境创造了条件。

此外,通过湿地生态旅游事业的开展,不仅可以扩大湿地所在区域的对外交流、加速信息传播、提高区域知名度,而且可以带动餐饮、土特产品加工等第三产业的迅速发展,对加速区域经济的发展和提高人民生活水平以及维持当地社会安定均具有极大的推动作用。

2.7.3 经济效益

湿地保护修复工程建设所产生的经济效益包括直接经济效益和间接经济效益。

直接经济效益主要体现在湿地建成后,生态环境将得到极大改善,湿地生物多样性将得到很大提高,必将吸引大量国内外游客,湿地风景区的餐饮住宿等旅游相关产业将得到长足的发展,侧面推动当地经济进入到一个新时期。

通过区域农业种植示范项目基地的开发,提高种植技术水平,争创绿色品牌,促进村民增收和林业增效,改善区域环境质量,进而提高农产品在区域市场的竞争力,形成集栽培、果实贮藏加工及市场销售于一体的庞大产业。

间接经济效益主要体现在:一方面,湿地资源本身具有潜在的、巨大的经济价值,湿地的净化水质、蓄水防洪、保持水土、调节气候、净化空气及涵养水源、防风固沙、保证下游水质安全、农业稳产高产等都将带来巨大的间接经济效益。另一方面,湿地本身是重要的固碳地,可有效地减少二氧化碳等温室气体浓度,从而对降低温室效应、稳定气候具有重要作用。

2.7.4 总体评价

湿地保护修复工程建设将进一步推进湿地风景区的生态环境建设,一方面,可通过规划疏通区域内水系的连通,加强水质的净化,促进流域的生态安全。另一方面,通过湿地社区管理,为解决农耕生产与湿地保护之间的矛盾提供良好的示范意义。

湿地保护修复工程建设,根据生态位与生物多样性原理,采取相应的恢复技术,实施综合性恢复工程,通过河堤内的河流、滩涂、湿草甸以及人工湖、水田、鱼塘共同构成复合湿地生态系统,将逐步恢复湿地的自然生态功能,保护湿地生物栖息环境和生物多样性。

湿地的生态特征突出、生物多样性丰富,是居民开展生态旅游和休闲度假的理想场所,也是科普教育、科学研究、教学实习的基地,能满足居民日益增长的物质文化生活需要。通过开展流域综合管理和社区共建共管工程,可改善社区的生产生活条件,增加社区群众的经济收入,提高社区群众的生活水平和生活质量;提高社区群众的环境保护觉悟和意识,实现人与自然和谐共处。

第3章 大兰窝棚村村庄规划科技服务

住房和城乡建设部《关于改革创新、全面有效推进乡村规划工作的指导意见》提出,到2020年,实现全国县域乡村建设规划全覆盖。要求通过规划编制,实现乡村建设发展有目标、重要建设项目有安排、生态环境有管控、自然景观和文化遗产有保护、农村人居环境改善有措施。目前,我国在逐步建立"五级三类"国土空间规划体系,要求实现国土空间全域全要素管控。广大乡村地区是国土空间重要的组成部分,在县级国土空间规划层面,加强县域乡村规划研究,科学制定不同地域不同类型的村庄规划,是实现乡村振兴的基础性工作,对激发乡村活力,推进农业经济发展、农村美丽宜居和农民生活幸福具有长远的指导作用。

沈阳市辽中区作为新划入的城市建成区,具有典型的城镇化带动快速发展的地区的属性。因此,针对以往传统的城乡规划体系中县城总体规划是以县城、重点镇带动全域发展,村庄只是进行简单粗糙的分类,作为点的形式存在,缺少从乡村自身发展角度对建设进行合理安排,结果是"重城轻乡";村镇基础规划缺乏与宏观层面各类规划的衔接,可实施性较低,只是"就村论村"。无论是从县城总体层面还是村镇基础层面,都缺乏对乡村建设有针对性的指导。本次村庄规划依据上位规划要求,通过全面梳理包括乡村产业、村庄布点、基础设施和公共服务设施、生态建设等现状,考虑乡村发展存在的不确定因素,在统筹分析、评价调整,预测村庄未来发展的基础上,提出未来乡村建设发展定位、目标及策略,明确村庄空间管制、用地布局、公共服务设施、基础设施、风貌整治、村民建房及近期建设项目等内容和规模,以刚性和弹性相结合的建设要求,制定近期具体可行性的,远期可持续的规划方案。作为法定规划在乡村振兴中村庄高质量发展具有纲领性的引导作用,为乡村振兴提供法律保障。

3.1 科技服务项目来源

为促进乡村振兴战略深入实施,根据《中共中央、国务院关于建立国土空间规划体系并监督实施的若干意见》要求,自然资源部办公厅《关于加强村庄规划促进乡村振兴的通知》(自然资办发〔2019〕35号)提出了"要整合村土地利用规划、村庄建设规划等乡村规划,实现土地利用规划、城乡规划等有机融合,编制'多规合一'的实用性村庄规划。力争到2020年底,结合国土空间规划编制在县域层面基本完成村庄布局工作,有条件、有需求的村庄应编尽编"的工作目标。沈阳市辽中区政府按照辽宁省自然资源厅《落实乡村振兴战略,推进村庄规划工作的实施方案》《沈阳市"百村美丽、千村整洁"行动实施方案(2019—2020年)》《沈阳市村庄规划编制导则(试行)》,开展辖区内村庄规划试点工作。

受辽中区自然资源局委托,课题组承担了《辽中区大黑岗子镇大兰窝棚村村庄规划(2022—2035年)》编制任务。宗旨是以习近平新时代中国特色社会主义思想为指导,深入实施乡村振兴战略为目标,遵循"分类指导、便于操作"的理念,顺应村庄发展规律和演变趋势,秉承因地制宜、村庄特色、需求导向、解决基本问题、聚焦重点问题、实用性强、易于实施、农民支持、简明易懂的主旨。按照乡村振兴的"产业兴旺、生态宜居、乡风文明、治理有效、生活富裕"总要求,通盘考虑土地利用、产业发展、居民点布局、人居环境整治、生态保护和历史文化传承。坚持农民主体地位,尊重村民意愿,反映村民诉求。坚持节约优先、保护优先,坚持先规划、后建设,实现绿色发展和高质量发展;坚持因地制宜、突出地域特色,避免乡村建设"千村一面"。坚持有序推进、务实规划。

3.2 大兰窝棚村现状评价

3.2.1 地理位置与区位

大兰窝棚村行政区划隶属于沈阳市辽中区大黑岗子镇,由大兰、双岗子和下洼子3个自然村组成。地理位置处于镇西北部,北邻农场村(属三尖泡子村),南接大黑岗子村,东邻三尖泡子村,西抵马家岗子村-四龙湾河(绕阳河大堤)。村域总面积为854.16公顷。村域地处沈阳市西部边缘,也是辽中区及大黑岗子镇的西北部边缘,邻近新民市、黑山县。村东有乡道101南北穿过,通信设施全覆盖,对外联系方便。

大兰窝棚村在沈阳市域、辽中区域和大黑岗子镇域的行政管理空间上有多级边缘区属性,长期发展导致其乡村经济社会系统"边缘效应"显著。作为大黑岗子镇西北部农业经济为主导的村庄,经济发展水平整体状况相对一般,生态系统具有近半自然属性。

3.2.2 自然环境与资源

地貌与土地资源。大兰窝棚村地处辽河冲积平原,地貌属辽绕河间地块。地势北高南低,东高西低,地表较为平坦。地表沉积为辽河-绕阳河泛滥堆积,以细粉沙为主。耕地土壤以耕地砂质草甸土、沙地固定风沙土、淹育型水稻土为主。其中,耕地砂质草甸土经过长期耕作,耕作层15~20厘米,有机质含量0.17%~5.96%。沙地固定风沙土,耕作层5~25厘米,有机质含量一般为0.95%。淹育型水稻土,耕作层超过30厘米,有机质含量1.35%~2.54%。水域适宜发展淡水养殖业。

整体上看,前两类耕地适宜花生、玉米等种植,也适宜发展设施农业、畜牧业和林果业。后一类多为高产、稳产稻田,但部分地块有风蚀、旱涝现象。

气候条件与水资源。大兰窝棚村气候属温带大陆性季风气候区,雨热同季,四季分明。年平均气温6.2~9.7℃,1月平均气温-12℃,最低气温-31℃;7月平均气温24.5℃,最高气温35℃。年平均降水量640毫米,多集中在7、8月。年平均日照时数2575小时,年平均相对湿度65%,年平均无霜期155~180天。春季多西南大风,冬季多西北风。有干旱、洪涝和大风等气象灾害,尤其需要防风固沙。村域水资源较为丰富。地表水有村庄北部的柳河支流季节性河——新桥河穿过,多坑塘、沟渠,河岸自然环境存在干扰破坏,需要进行生态修复;地下水资源埋深1.5~3米,单井涌水量为2000~3000吨/天,水质较好。全部耕地有机井覆盖,开采利用充分。

整体上看,气候条件的降水因素可以适宜北方旱地农业生产,但是水资源年际变化较大,略显不足。

3.2.3 经济发展水平

2021年,大兰窝棚村生产总值约400万元,人均收入1.7万元。全村产业结构以一产为主,规模较小的三产为辅。其中,一产中种植作物主要有水稻、玉米、花生和蔬菜。养殖业主要有牛、猪、羊、鱼。林果业主要有文冠果、葡萄等。三产主要是外出务工和规模较小、刚刚起步的季节性乡村旅游。

村经济发展整体水平在辽中区处于中下水平。一产为主导产业,二产为缺失状态,三产规模较小、吸引力不足。生活服务业、电商经济发展较慢。

3.2.4 社会发展现状

人口规模。2021年底,全村总户数为430户,总人口为1345人。其中常住人口666人,占总人口的49.5%。外出人口679人,主要去向是沈阳市区、辽中区内及其他乡镇。60岁以上人口258人,约占总人口的19.2%,村庄空心化较为严重,同时有人口老龄化现象。

基础设施。对照中共中央办公厅、国务院办公厅印发《农村人居环境整治三年行动方案》(中办发〔2018〕5号)提出的推进农村生活垃圾治理、开展厕所粪污治理、梯次推进农村生活污水治理、提升村容村貌、加强村庄规划管理、完善建设和管护机制等重点任务,《辽宁省农村人居环境整治三年行动实施方案(2018—2020年)》提出的"2035年,实现农村生态环境根本好转,美丽宜居乡村基本实现"目标,聚焦村庄公共服务设施,进行基础设施建设现状评价。

1. 公共服务设施

大兰窝棚村村委会位于大兰中心村,用房建筑面积约360平方米,公共用地约1500平方米;村建有文化活动中心和图书室,面积320平方米;街边绿地、健身场地2处,面积约1000平方米;医务室1个,面积约50平方米,医务人员为外聘;便民商店(个人)6处;临时农业服务点1处,有农机具12台(套)等设施。缺少老年照料、快递业和金融业等公共服务设施。

公共服务设施整体上不齐全,数量和质量有待提高、补充完善。村公共服务设施现状统计分析见表3-1。

表3-1 大兰窝棚村公共服务设施现状统计分析表

村公共服务设施	数量/处	基本状况
村委会	1	面积小,与其他设施合用
文化活动中心、图书室	1	面积小,与村委会合用
医疗室	1	本村没有医务人员,现外聘
街边绿地、健身场地	1	基本满足需求
便民商店	6	个人,可满足需求
临时农业服务点	1	12台(套)农机具,临时存放

续表

村公共服务设施	数量/处	基本状况
老年服务点	—	—
快递投放点	—	—
金融服务点	—	—

2. 交通道路设施

村庄东侧南北向的乡道 101 是对外联系的主要道路，向北可达新民市，向南到大黑岗子镇及辽中区，路宽 15～20 米。目前有客运汽车沿乡道 101 通往镇、区，村口设有站点。

大兰中心村与 2 个自然村之间有村庄干路相连，出行方便，村内无公共停车空间。每个自然村内均有多条干路，路宽 8～10 米，路边设有排水沟；多条支路，路宽 4～6 米；宅前路宽 3～4 米。目前村内干路、支路、宅前路硬化率 100%，路面质量较好。非硬化的小路，雨雪天泥泞，影响出行。村内干路单侧设有路灯 120 盏，但大部分的路灯已经破损，道路两侧的绿化也有待提升。

3. 供水排水设施

全村建有 1 处集中式饮用水地下水水源井，自来水覆盖率 100%。村内早晚两次供水，每次约供水 1 小时，可以满足村民日常生活用水。

村内无雨水、生活污水排放管网。村东侧的乡道 101 两侧建有排水边沟。村内干路设有排水边沟，但存在路段堵塞问题。村庄近些年未出现内涝情况。村内无生活污水处理设施，生活污水主要是农户采用庭院渗漏井排放。

4. 电力电信设施

村域 35 kV 电力设施完善，每个自然村都有独立的供电设施，农户覆盖率 100%。村内目前有 5 处光伏发电设施。但村内民用低供电线路架设混乱，存在安全隐患，且影响村容村貌。有线通信网络已接入村内，无线通信网络覆盖率 100%。

5. 能源使用

村民生活能源主要是使用煤、秸秆、罐装液化天然气等，少量使用电器、太阳能热水器。村庄目前没有集中供热。农户以煤、秸秆为主要消费的能源结构，存在环境污染。

6. 环卫设施

村内设有半封闭式垃圾收集池多处，垃圾箱多处，生活垃圾通过收集、转运至镇集中处理。村委会院内有公厕 1 处，全村农户卫生厕所已入户 178 户，改造率 55%。全村设有 5 名保洁员，环境卫生保洁效果一般。

村容村貌。近年来，大兰窝棚村的生态环境、村容风貌经过整治有一定的提升，但仍有一些不足。通过现场调研及走访，环境质量、村容村貌存在以下问题。

① 村庄整体缺乏科学规划，部分宅基地分散。绿化虽有一定基础，但未形成乡村独有的绿化景观环境。道路两侧绿化较差，缺少统一的景观元素，缺少村口、主要街巷等重要节点景观打造。

② 干路以下的道路没有建设排水沟或堵塞,影响排水。道路亮化损毁较多,有待维修、改善。大部分的道路两侧乱建,秸秆杂物等乱堆、乱放,侵占公共空间,生态环境较差。

③ 生活垃圾处理不及时,管理不到位。

④ 农户庭院现状:包括住房、前后院落、辅助用房、厕所等,院内种植有一定面积的自用作物,经济价值较小。庭院环境质量有较大提升空间,包括院墙、大门、院内设施等。厕所入户尚需提升完善。

⑤ 村内的一些养殖户在庭院内或庭院附近建养殖舍、堆粪,造成邻里矛盾,且严重影响周边环境和村容村貌,需要集中整治。

⑥ 部分闲置宅基地无人管护,院墙破旧,存在少量危房。

3.2.5 土地利用结构

经过实地踏勘调查,大兰窝棚村土地利用以农用地耕地、园地、林地和水域为主,主要分布在村庄周边。建设用地中有少量的宅基地零散分布;以农村宅基地、机关团体用地为主,建设用地整体上集中分布、边界较为规整。以第三次全国国土调查数据为基础,大兰窝棚村域土地总面积854.16公顷。按照《国土空间调查、规划、用途管制用地用海分类指南(试行)》划分,土地利用现状主要地类情况见表3-2。

耕地面积650.92公顷,占村域总面积的76.20%。其中旱地177.84公顷,水田473.08公顷;园地面积7.16公顷,占村域总面积的0.84%。

林地面积87.76公顷,占村域总面积的10.27%。建设用地64.19公顷,占村域总面积的7.51%。水域面积31.46公顷,占村域总面积的3.68%。

表3-2 大兰窝棚村土地利用现状结构表

用地分类		规划基期年	
		面积/公顷	比重/%
耕地		650.92	76.20
园地		7.16	0.84
林地		87.76	10.27
农业设施建设用地	乡村道路用地	6.67	0.78
	种植设施建设用地	0.64	0.07
	畜禽养殖设施建设用地		
	水产养殖设施建设用地		
村庄用地	城镇用地	—	—
	居住用地	36.91	4.32
	公共管理与公共服务用地	1.17	0.14
	商业服务业用地	—	—
	工业用地	—	—
	仓储用地	—	—

续表

用地分类		规划基期年	
		面积/公顷	比重/%
村庄用地	乡村道路用地	6.67	0.78
	公用设施用地	5.17	0.61
	绿地与开敞空间用地	0.23	0.03
	留白用地	—	—
	村庄范围(203)内的其他用地(公路用地101乡道)	13.73	1.61
其他建设用地	区域基础设施用地	—	—
	特殊用地	0.31	0.04
其他用地	陆地水域	31.46	3.68
	田坎	—	—
	田间道	12.04	1.41

注：建设用地＝城乡建设用地＋区域基础设施用地＋其他建设用地。基期建设用地64.19公顷

将大兰窝棚村的三调数据与现状对比，耕地、永久基本农田及其他地类的图斑、数据基本一致。

3.3 村庄规划引导

3.3.1 乡村国土空间特性分析

相比城市国土空间而言，乡村国土空间要素主要由山、水、林、田、湖、草、路、房等组成，具有以下重要特性。

① 近自然性。乡村国土空间最重要的特征是自然性。利用自然形成的地质、地形、地貌、水文、土壤和气象等发展农业、林业和牧业生产，利用自然生态系统，建造适宜人类居住和生活的聚落，形成具有生产能力、生态功能、适宜生活居住的乡村国土空间。

② 多功能性。乡村地域具有多功能的客观属性，不仅为城乡居民提供食物保障，也是大量农村人口的居住地和传统农业文化保留地，更是维系城乡生态安全的重要开敞空间，具有生产、生活、经济、文化、生态等多重功能。

③ 复合性。乡村的生产、生活、生态和文化空间是重叠的，很难清楚地分开。田野既是农业生产空间，也是生态空间、田园景观空间；村庄既是生活居住空间，也是各种乡村习俗、传统乡村街巷肌理、乡村风貌等的文化艺术传承和乡村景观空间；河塘溪沟既是蓄水空间，又能防洪排水，还能提供灌溉、养殖水产和生活用水，或作为水上交通、运动娱乐场所。

④ 生态性。乡村国土空间包括林地生态系统、农业生态系统、水生态系统，可生产粮食、畜产品、水产和蔬菜瓜果，为居民生活提供保障，形成促进空间复合利用和物质循环利用的完整生态系统。

⑤ 领域性。乡村国土空间具有明确的边界，由独特的地形地貌形态特征、强烈的血缘和

地缘关系、特有的植被景观特色构成,虽然内部会随着季节气候变化、社会经济发展变迁而动态变化,但从年际看基本上是稳定的,有明确的地域性。

3.3.2 农业开发适宜性分析

以农业生产要素水、土、光、热组合条件为基础,结合土壤环境质量、气象条件等因素,评价种植业生产适宜程度。一般来说,水资源丰度越高,地势越平坦,土壤肥力越好,光热越充足,土壤环境质量越好,气象灾害风险越低,盐渍化程度越低,且地块规模和连片程度越高,越适宜种植业生产。

大兰窝棚村地处辽河-绕阳河平原,成土母质为残积、坡洪积物。土壤组合以耕地砂质草甸土、沙地固定风沙土、淹育型水稻土为主。村庄北部有季节性的新桥河过境,地下水资源相对丰富,水质较好,农业灌溉用水相对充足。气候上,$\geqslant 10\ ℃$活动积温年均约3400 ℃·d,活动积温评价为"一般"水平,种植生产熟制属于农业"一年一熟"区域。气象上的干旱、洪涝和大风是主要的自然灾害,但近些年大风灾害较为强烈。

通过对大兰窝棚村的土、水、光、热等资源条件和土壤环境质量、气象灾害等因素综合评价,村域国土面积的95%适宜农业开发。

3.3.3 居住用地适宜性分析

一般来说将水资源短缺,地形坡度大于25°,海拔过高,地质灾害、海洋灾害危险性极高的区域,确定为城镇建设不适宜区。

大兰窝棚村域绝大部分地区的地形坡度小于3°,高程较低,水资源条件较好,无地质灾害风险,气象灾害危险较小,可开发建设条件良好。村域国土面积的85%适宜居住建设。

3.3.4 《沈阳市村庄布局规划(2019—2035)》要求

依据《沈阳市村庄布局规划(2019—2035)》的村庄分类划分成果,大兰窝棚村位于全市的田园发展区,村庄分类属于集聚提升类(整治提升类)的保留改造型,其发展策略为"综合考虑粮食主产区种植需要,未来仍将永续保留的村庄",未来从"重点以农村人居环境整治,采取渐进微循环改造方式为主,提升村庄环境品质"进行管控引导。

本次规划,大兰窝棚村按照上述的集聚提升类(整治提升类)的保留改造型要求,规划第一,坚持保护优先、节约优先,摸清乡村家底,理清发展思路,统筹安排各类空间资源,重点以农村人居环境整治为主,采取渐进微循环改造方式为主,提升村庄环境品质;第二,明确乡村振兴各项任务的时序,优先配建补齐各类公共基础设施,提升人居环境;第三,坚持乡村产业姓"农"、立农、兴农,围绕壮大一产,培育二产、三产,提高对自然村的辐射带动作用,引导居民点向中心村庄集聚,建设经济发展、美丽宜居的社会主义新村庄。

3.3.5 《沈阳市村庄规划编制导则(试行)》要求

依据《沈阳市村庄规划编制导则(试行)》的规划分类引导与分型引导,大兰窝棚村属于集聚提升类村庄进一步细分的整治提升类的"等量型"村庄。村建设用地按照"等量型"发展要求,参照辽中区村庄建设边界划定成果,现状村建设用地面积为76.23公顷。

本次规划,全村建设用地原则上不得超过其标准。大兰中心村按照"增量型"发展,通过调整用地结构集聚提升,以盘活存量用地为主,重点补齐村庄设施短板、强化村庄人居环境整治、保障村民合理建房需求;双岗子、下洼子2个自然村按照"减量型"发展,合理地调整用地结构,通过整理零散用地、盘活闲置低效用地、实施增减挂钩等方式,实现村庄用地布局优化和有机更新。通过"整治提升类村庄应补足必要的公共服务设施",满足现代新农村生产生活的需求,见表3-3和表3-4。

表3-3 村庄公共服务设施建设项目配置表

设施类别	设施名称	集聚提升类村庄		特色保护类村庄	城郊融合类村庄	搬迁撤并类村庄
		重点提升类	整治提升类			
公共管理	村委会	◆	◆	◆	◆	◆
	综合服务站	◆	◆	◆	◆	--
教育机构	托幼	◇	◇	◇	--	--
	小学	◇	◇	◇	--	--
文化体育	文化服务中心	◆	◆	◆	◆	--
	文化活动场地	◆	◆	◆	◆	--
医疗卫生	卫生室	◆	◆	◆	◆	◆
社会福利	养老院、托老所	◆	◆	◆	◆	--
农村农业服务	兽医站	◇	◇	◇	--	--
	农机站	◇	◇	◇	--	--
	科技服务点	◇	◇	◇	--	--
	快递投放点	◆	◆	◆	◆	◆

注:◇为可选配置,◆为必须配置,--为不鼓励配置

表3-4 村庄公共服务设施建设规模汇总表

设施类别	公共服务设施	建设要求	服务人口
公共管理	村委会	建筑面积100~200平方米	所在村庄人口
	综合服务站*	建筑面积200~500平方米	所在村庄人口
教育机构	托幼	建筑面积600~1800平方米	所在村庄人口
	小学	每名学生平均占地面积不小于21平方米,各类功能配套齐全	根据上位或专项规划确定
文化体育	文化服务中心*	建筑面积≥90平方米,包括图书阅览室、多功能活动室、电子阅览室、体育健身室	所在村庄人口
	文化活动场地	硬化地面≥800平方米,配健身设施,有条件的可搭建舞台	所在村庄人口
医疗卫生	卫生室*	建筑面积60~100平方米	所在村庄人口
社会福利	养老院、托老所	建筑面积200~500平方米	所在村庄老年人口

续表

设施类别	公共服务设施	建设要求	服务人口
农村农业服务	兽医站	建筑面积100～200平方米	所在村庄人口
	农机站	建筑面积300～500平方米	所在村庄人口
	科技服务点*	建筑面积≥80平方米	所在村庄人口
	快递投放点*	建筑面积≥50平方米	所在村庄人口

注：*表示宜与村委会合设

3.3.6 村庄发展规划村民诉求

本次规划,邀请村民参与全过程。规划前以抽样调查问卷方法征询村民意见,规划成果采用公示方式征求村民意见。调查通过网络发放问卷,就村庄基础设施、公共服务设施、环境风貌、规划建设意向、产业引导等有关问题征求村民意愿,并召开会议征求村委会班子意见。

问卷调查收到村民提交的有效问卷48份。

对问卷调查及村委会班子意见统计处理、分析,结论是村民普遍关心村庄居住环境改善、便民利民服务设施建设、农民增收和村集体经济发展等问题。本次规划将对这些意愿给予重点关注并全面考虑。

3.4 村庄发展目标与策略

3.4.1 村庄类型与发展定位

1. 村庄规划类型

根据《沈阳市村庄布局规划(2019—2035)》和《沈阳市村庄规划编制导则(试行)》(2022年3月)的村庄分类引导,确定大兰窝棚村属于集聚提升类(整治提升类),发展策略是中心村为示范引领型,双岗子、下洼子两个自然村为保留改造型。

大兰窝棚村规划按照等量型原则,村域内部进行建设用地等量增减。规划将通过自然村内部整理零散用地、盘活闲置低效用地、整理空闲或退出的宅基地、实施增减挂钩等方式,实现村庄用地布局优化和有机更新。

2. 村庄发展定位

(1)形象地位:宜业产业融合持续发展　宜居村容村貌整洁美丽

规划以优化人居环境品质为核心,立足自然环境,鼓励现代规模化绿色农业生产和种养联动循环,利用林-水-田景观开展乡村旅游活动,充分彰显村域特色,形成高品质的生产生活空间,建成"宜业产业融合持续发展,宜居村容村貌整洁美丽"的现代农庄。

(2)发展定位:辽中区产业协调发展村

规划依托大兰窝棚村的区位特色、资源特点和产业基础,树立现代农业可持续发展理念,基于政策引领、产业优势、干群力量,深挖生态和农耕价值。以中心村为核心,河流沟渠、稻田、果林和设施农业为主导,以整治村庄生态环境、完善公共服务设施为抓手,政府+村集体+开发企业共同参与为基础平台,引入众筹开发模式的乡村生态农业休闲度假游品牌,建设一二三产融合发展、产业联动的现代农业生产,生态农业休闲度假服务设施配套,村民幸福感不断提高,宜居宜业的社会主义新村庄。

3.4.2 发展目标

1. 总体目标

全面贯彻党的十九大要求,以习近平新时代中国特色社会主义思想为指导,认真落实习近平总书记关于建设好生态宜居的美丽乡村重要指示精神,深入实施乡村振兴战略,按照"产业兴旺、生态宜居、乡风文明、治理有效、生活富裕"的总要求,坚持村党组织和村委会的领导,调动广大村民的积极性,以乡村振兴和新一轮宜居村庄规划为契机,以美丽宜居乡村为导向,落实村国土空间开发保护活动,实施国土空间用途管制,依托近半自然的生态环境、稳定的农业基础,将大兰窝棚村建设成为产业兴旺、生态宜居和环境美丽的社会主义新村庄。

2. 具体目标

到2025年,二产、三产初步形成,消除人居环境短板。大兰窝棚村初步实现产业融合发展,生活垃圾、生活污水处理,改厕,道路绿化、亮化,给水排水,便民服务设施等全覆盖,人居环境得到全面改善,建成宜居宜业的美丽村庄。

到2035年,全面实现规划目标。大兰窝棚村现代农业快速发展,产业体系建设基本完善;生态环境得到更好的保护,建设成为产业兴旺、生态宜居和环境美丽的社会主义新村庄。

3.4.3 规划指标

指标确立原则。坚持指标的刚性管控和弹性引导相结合,坚持充分衔接上位规划。

指标体系。落实上位规划的约束性指标要求,结合经济社会发展要求,确定国土空间开发保护的量化指标,包括约束性指标、预期性指标和参考性指标三类。

国土空间规划等约束性指标作为管控强制性指标;人口预测及与其有关的指标作为预期指标,为引导性指标;近期项目等作为参考性指标。其中预期性指标、参考性指标不作为规划的强制性要求。

3.4.4 人口规模

根据乡镇户籍数据,大兰窝棚村现有人口总户数430户,1345人。人口规划指标预测结合发展目标、规划分类分型、村庄近年人口变化、远期村庄建设发展等综合因素,考虑近年村庄内人口呈负增长趋势,老龄化、空心化现象普遍;随着国家三胎政策的全面开放,乡村振兴、田园综合体、美丽乡村等政策落地,村庄产业发展以及公共服务基础设施的建设,乡村发展活力逐步增强,"乡愁"情怀深植,人口外流现象将逐渐缓解;乡村宜居生活对城市人口的吸引,促进并激发乡村多业态发展壮大,建立村庄人口发展预测情景。人口增长率法预测公式:

$$Q=Q_0(1+K)^n+P \tag{3-1}$$

式中：Q——总人口预测数（人）；Q_0——总人口现状数（人）；K——规划期内人口的自然增长率（％）；P——规划期内人口的机械增长人数（人）；n——规划期限（年）。

预测：到本次规划期末，全村人口规模保持户数、人口数与规划基期持平，即全村总户数为430户，总人口为1345人。

3.4.5 土地利用规划

1. 一般耕地保护

大兰窝棚村规划基期年耕地面积650.92公顷。转落上位规划的村庄建设边界，遵循耕地"占补平衡"等原则，合理地调整土地利用结构现状。规划目标年耕地保有量为647.58公顷，较基期年减少3.34公顷，主要用于二产建设、三产开发及留白，并可以保证耕地保护任务落实。

2. 永久基本农田

转落上位规划的永久基本农田控制线，规划基期年永久基本农田保护面积606.55公顷。规划目标年永久基本农田保护面积不变，仍为606.55公顷，占耕地总面积的93.18％。确保永久基本农田数量不减少、质量不降低、集中连片分布的任务落实。

3. 一般生态用地

大兰窝棚村没有上位规划的生态保护红线区域。本次规划村域林地、水域为一般生态用地，一般生态保护面积119.06公顷，占村域总面积的13.94％。实现村域生态环境质量提升。

4. 建设用地规模

大兰窝棚村规划基期年，建设用地为64.19公顷，占村域总面积的7.51％。本次规划通过转落上位规划的村庄建设边界，从村庄二、三产业发展需求考虑，按照用地弹性和兼容性，在预留不超过5％的建设用地要求下，调整建设用地规模。

规划目标年，建设用地为65.49公顷，较规划基期年增加1.30公顷，其中集体经营性建设用地规模为1.55公顷，预留建设用地1.46公顷。预留地可依据土地政策，申请公共服务设施、新产业新业态等建设用地。大兰窝棚村村庄规划发展指标见表3-5。

表3-5 大兰窝棚村村庄规划发展指标

指标	基期年	目标年	变化量	属性	备注
户数/户	430	430	0.00	预期性	
户籍人口规模/人	1345	1345	0.00	预期性	
耕地保有量/公顷	650.92	647.58	−3.34	约束性	
永久基本农田/公顷	606.55	606.55	0.00	约束性	
一般生态用地/公顷	—	119.06	+119.06	约束性	
建设用地/公顷	64.19	65.49	+1.3	约束性	
集体经营性建设用地/公顷	—	1.55	+1.55	预期性	
预留建设用地/公顷	—	1.46	—	预期性	

3.4.6 发展策略

1. 资源开发保护,生态优先

严守耕地(永久基本农田)数量红线,坚持农地农用,稳定粮食播种面积。积极开展农用地整理、闲置低效建设用地整治、复垦等土地整治项目。

参考生态保护红线要求,划定一般生态用地。确立保护优先地位,按照保留乡村原有地形地貌,保护乡村自然风光和田园景观的原则,优化乡村水系、林网、绿道等生态空间格局,将重要的林地、水域等作为一般生态空间。实行严格管控,加强生态保护与修复。

2. 整合村庄建设,优化布局

构建生产、生态、生活融合的空间体系,严格落实国土空间管控各项要求,科学合理地布局村庄各项基本功能,带动村庄经济、社会、环境全面发展。

对居民点情况充分摸底调查,优先将闲置、低效用地作为备选区域,在遵循政策和尊重村民个人意愿的情况下,充分结合全村发展、新型村庄建设、农民资格权保留等因素,合理规划居民点布局,细化到户。

3. 产业协调发展,增效增收

探索现代农业建设,主要体现农业生产的物质条件和技术的现代化,利用先进的科学技术和生产要素装备农业,实现农业生产机械化和信息化。同时体验农业组织管理的现代化,实现农业生产专业化、社会化和企业化。现代农业是健康农业、有机农业、绿色农业、循环农业、再生农业、观光农业的统一,加快产业升级、解决就业问题、消除城乡差距等。

4. 人居环境整洁,风貌宜人

严格依据村庄人居环境整治相关文件要求开展村庄环境整治工作,切实指导垃圾、污水、厕所、道路亮化、景观美化、农业废弃物利用等基础设施建设项目落地,改造提升村域道路、停车场、供水供电、厕所、生活污水和垃圾处理设施等,营造整洁舒适的生产生活环境。

完善公共服务设施,整合相关项目,充分利用各方面资金,注重公共基础设施与公用服务设施建设相结合,重点补齐短板,达到新时代社会主义宜居宜业新村庄建设目标。

3.5 村庄产业发展规划

3.5.1 产业发展目标

依托大兰窝棚村的区位、资源特征、资金技术和经济基础,深度挖掘村域的资源价值、生态功能和村集体、农户的潜力,在保护生态环境、生态修复的基础上,遵循比较优势等经济理论,鼓励土地承包转租,全面提升传统的优势产品,做大做强水稻、花生种植业。以合作社方式,建立绿色大米、花生等绿色农产品加工企业,延长产业链,增收附加值,为集体经济积累发展资金,增强村集体的凝聚力。以村文冠果林、鱼塘、稻田和沟渠、河流和林带、民宿和完善村中休闲服务设施等,开发休闲农业和乡村旅游线路。通过强化旅游品牌、延伸产业链等方式,构建乡村生态农业休闲度假旅游业,为村庄提供就业岗位,提高村庄经济收入。

通过全面提升传统的优势产品,完善村公共服务设施,对传统农业、旅游业进行资源深度整合,三产整体联动,构建以市场为主体的现代乡村产业体系。

3.5.2 产业发展思路

1. 第一产业

第一产业是大兰窝棚村的主导产业,是村经济发展的根基。规划以现有一产规模、优势品种为基础,按照比较优势理论,集中连片土地,大力增加绿色优质农产品产量。

种植业充分利用现有水稻、花生等产品优势,鼓励农户土地承包转租,以合作社为龙头,采用现代作业方式,提高农业生产效率。同时大力开展土地整治,提高耕地质量,促进优势农产品产量增加。

养殖业采取规模化、集中化、现代化生产模式,并通过"种植+养殖"循环生产,增加产品品种、产量,延伸产业链,提升产品附加价值。

依托现有水稻、花生等种植业优势,提升优势农产品产业链,形成高附加值价值链。建立村网络直播销售服务点,提高品牌销售服务,增加农户收入。

2. 第二产业

大兰窝棚村目前没有第二产业。规划以现有一产的规模、优势品种为基础,集中连片土地扩大生产,通过增加产量,为发展第二产业提升比较优势。

建设村集体经营的农户股份制的绿色优质大米、花生、文冠果等农副产品加工企业,延长生产链,提升农副产品价值,并为村庄提供就业岗位,在增加农户收入的基础上,进一步提高村集体经济收入,扩大村集体发展资金积累,增强村集体的凝聚力和生产力。

3. 第三产业

大兰窝棚村目前第三产业基础薄弱,仅是谋划设想。规划以绿色发展为引领、以农业产业为支撑、以美丽乡村为依托,探索三产联动、城乡融合、农民富裕、生态和谐的科学发展道路,打通绿水青山和金山银山的转化通道,打造宜居、宜业、宜游的美丽大兰村。

因地制宜赋能"休闲农业+旅游",推动乡村休闲旅游与农业产业交叉融合、互促互融。建设厚植乡村文化底蕴,注重农耕文明、田园风光、乡村生活等乡土元素保护,强化经营乡愁、经营文化理念,依托农业产业资源和山水风光,建立乡村休闲旅游内涵和人文体验的乡村生态休闲旅游度假项目,延伸乡村旅游产业链。

建设以村文冠果林、稻田和沟渠、鱼塘、河流和林带、民宿和完善村休闲服务设施等,开发生态农业观光、采摘体验、亲水体验等特色项目的休闲度假旅游,大力发展涵盖研学旅行、农事体验等分享经济、体验经济,唱响"春赏花与农耕,夏观稻与纳凉,秋采摘与秋收,冬冰雪与民俗"的休闲农业四季歌。通过强化旅游品牌,完善相关配套服务设施,逐步发展民宿等旅游服务业,构建吸附范围为镇域、辽中区及沈阳市的生态农业休闲度假服务型村庄。

3.5.3 产业发展空间布局

以村委会为核心,遵循因地制宜、创新优化、高质高效的原则,完善产业发展空间布局,构建"一核、一廊、多节点、五片区"的产业分布格局。

一核,即村委会所在中心村,打造村庄综合服务核心,集村庄管理、公共服务设施配套等多功能服务区。

一廊,即在大兰中心村出村干路与乡道101交叉的村口处,设立"大兰村乡村旅游标识",通过村南部的沟渠林带、西部的道路林带、北部的河流林带和村内的鱼塘水域,以及沿途的田园风光和"多节点"景观、民宿等,构建环村域的生态农业休闲度假廊带。

多节点,即利用村庄建设用地、居民点生活空间,建设农产品初加工企业,完善大兰中心村街景、花园、娱乐设施等景观要素,并以庭院经济为主要载体,逐步发展民宿等旅游服务业。通过探索循环经济模式,促进村民就地就业,带动增收。

五片区,即优质水稻、花生、林果等农产品生产区,以及村内的乡村生态旅游服务区,同时作为环村域的生态农业休闲度假带的有机组成部分。

3.6 空间划定与管控

3.6.1 生态空间规划

1. 一般生态保护空间

大兰窝棚村没有上位生态保护红线划定空间。

全村划定一般生态空间。按照保留乡村原有地形地貌,保护乡村自然风光和田园景观的原则,优化乡村水系、林网、绿道等生态空间格局,将村域内重要的林地、草地、湿地、河流水域等划入一般生态空间。

大兰窝棚村划定一般生态用地面积119.06公顷,占村域总面积的13.94%。

2. 一般生态空间管控

一般生态空间实行重点保护。原则上,按限制开发区域进行管理,执行区域准入制度,在不妨害现有生态功能的前提下,允许适度地开发资源和景观利用。不得破坏生态景观,不得开展产生环境污染的建设活动,应做到禁砍树、禁挖土、不填湖。允许符合要求的交通、水利、能源等基础设施项目落地。

一般生态保护空间内,在充分利用现有建设用地、不占用耕地、不破坏生态功能的要求下,可以开展正常的生产、生活活动,适宜的乡村旅游活动。特殊情况经过批准,可以建设必要的基础设施和公共服务设施等。

3.6.2 农业空间规划

1. 永久基本农田和耕地保护

落实已经划定的永久基本农田控制线,确保落地准确、边界清晰。大兰窝棚村现有永久基本农田面积606.55公顷,占耕地总面积的93.18%。确保永久基本农田数量不减少、质量不降低、集中连片分布任务完成。

确保耕地面积不减少。转落上位规划的村庄建设边界,遵循耕地"占补平衡"等原则,合理地调整土地利用结构现状。规划目标年耕地保有量为647.58公顷,主要用于二产建设开发及留白,可以保证耕地保护任务落实。

划定满足粮食生产安全的一般农业空间。大兰窝棚村的一般农业空间是指永久基本农田以外的耕地、园地、林地等,具有水土资源和光热条件较好,适宜发展现代化农业的区域。大兰窝棚村划定一般农业空间面积63.07公顷,占村域总面积的7.38%。

2. 农业空间管控规则

按照《中华人民共和国土地管理法》《中华人民共和国基本农田保护条例》等法律法规要求,任何组织和个人不得擅自占用或者改变永久基本农田的用途。国家能源、交通、水利、军事设施等重点建设项目选址确实难以避让永久基本农田,涉及农用地转用或者土地征收的,必须经国务院批准。禁止占用耕地建窑、建坟或者擅自在耕地上建房、挖砂、采石、采矿、取土等。禁止占用永久基本农田发展林果业和挖塘养鱼。禁止任何单位和个人闲置、荒芜耕地。

严格控制一般农业空间内的农用地转用,对质量等级较高的耕地、园地、林地等农用地实行优先保护;禁止一般农业空间建窑、建房或者擅自挖沙、取土、堆放固体废弃物;禁止采矿建设;禁止三类工业及涉及有毒有害物质排放的工业新建、改建、扩建,现有企业应逐步关闭搬迁;禁止二类工业新建、扩建,现有项目改建只能在原址进行,并须符合生态环境保护的污染物排放总量控制要求。

对于一般农业空间内属农业生产过程中所需各类生产设施和附属设施用地,以及由于农业规模经营必须兴建的配套设施,在不占用永久基本农田的前提下,纳入设施农用地管理。允许符合要求的零星建设项目用地使用预留的机动指标,待建设项目规划审批时落地机动指标、明确规划用地性质。允许实施农林复合利用,但严禁挖湖造景等行为。

3.6.3 建设空间规划

1. 建设空间划定

落实上位规划的村庄建设边界划定成果,确保落地准确、边界清晰。村庄建设边界为,现状保留区为62.87公顷、规划新增为1.15公顷、弹性发展区为1.46公顷,总面积为65.48公顷,占村域总面积的7.67%。产业发展要求有效利用现状生态、文化旅游资源,发展乡村旅游服务产业、农产品加工业,促进农民增收。

村庄建设边界划定坚持保护优先,避让永久基本农田,严格保护耕地;坚持节约集约原则,在综合考虑村庄定位和涉农产业发展需求的基础上,引导建设项目优先利用闲置低效的建设用地,腾退区面积1.31公顷。未来确需新增用地,尽量占用其他农用地,不占或少占耕地。

整合现状保留区内村庄建设用地以及村庄内部标注为村属性的耕地、林地、水面、村庄道路等,生成现状村庄建设用地保留区。严格执行《自然资源部办公厅关于规范和统一市县国土空间规划现状基数的通知》(自然资办函〔2021〕907号)要求,对涉及违法用地等情形进行整改、腾退。不得以边界完整为由将无新增指标的零星用地划入保留区。

2. 建设空间管控规则

边界内管理。积极引导乡村建设行为向村庄建设用地边界内集聚,边界内建设用地适用范围包括:农村宅基地、农村基础设施和公共服务设施用地,农村人居环境整治项目用地,符合规定的农村一、二、三产业融合发展用地,符合国家"三农"政策的直接服务种植、养殖业的农产品加工、电子商务、仓储保鲜冷链、产地产品直销配送等产业项目用地,原则上应要求集中在行政村村庄建设边界内。鼓励乡村建设用地复合利用。规模较大,工业化程度高,分散布局配套成本高的产业项目要进镇产业园区,具有一定规模直接服务种植、养殖业的农产品深加工项目向有条件的镇开发边界内集聚。

边界外管理。村庄建设项目原则上应要求集中在村庄建设边界内。在不占用永久基本农田、不突破国土空间规划建设用地指标等约束条件,不破坏生态环境和乡村风貌的前提下,利用村本地资源开展农产品初加工、发展休闲观光旅游而必需的配套设施建设用地,可在村庄建设边界外安排少量"点状"建设用地;农村道路,电力、电讯等线性基础设施用地,以及宗教、殡葬等特殊用地可在边界外安排;符合县、乡级国土空间规划村庄国土空间用途管制规则、建设管控要求的可在边界外安排用地。项目确需建设的,可向区级自然资源主管部门申请使用机动指标,见表3-6。

表3-6 国土空间用途管制表

分类		面积/公顷	比重/%
生态空间	一般生态用地	119.06	13.94
农业空间	永久基本农田	606.55	71.01
	一般农业空间	63.07	7.38
建设空间	现状保留区	62.87	7.36
	规划新增区	1.15	0.14
	留白空间	1.46	0.17
合计		854.16	100

3.6.4 用地布局规划

根据《沈阳市村庄规划编制导则(试行)》,对村域国土空间结构和布局进行合理用途分类。结合村庄发展实际诉求及现状用地差异处理结果,规划远期保障生态空间的完整性,以土地整治促进乡村更新,核减相关建设用地。推进农村建设用地集约化,同时以产业融合发展为先导,优化用地内部格局,完善相关公共服务设施和基础配套设施。根据《国土空间调查、规划、用途管制用地用海分类指南(试行)》和《沈阳市村庄规划编制导则(试行)》,规划各类用地,详情见表3-7。

表3-7 大兰窝棚村国土空间用途结构调整表

用地分类			规划基期年		规划目标年		规划期内面积增减/公顷
			面积/公顷	比重/%	面积/公顷	比重/%	
耕地			650.92	76.20	647.58	75.81	−3.34
园地			7.16	0.84	7.16	0.84	0
林地			87.76	10.27	87.76	10.27	0
农业设施建设用地		乡村道路用地	6.67	0.78	6.67	0.78	0
		种植设施建设用地	—	—	—	—	—
		畜禽养殖设施建设用地	0.64	0.07	2.84	0.33	+2.2
		水产养殖设施建设用地	—	—	—	—	—
村庄用地		城镇用地	—	—	—	—	—
		居住用地	36.91	4.32	34.61	4.05	−2.3
		公共管理与公共服务用地	1.17	0.14	1.76	0.21	+0.59
		商业服务业用地	—	—	0.56	0.07	+0.56
		工业用地	—	—	0.99	0.12	+0.99
		仓储用地	—	—	—	—	—
		乡村道路用地	6.67	0.78	6.67	0.78	0
		交通场站用地	—	—	—	—	—
		其他交通设施用地	—	—	—	—	—
		公用设施用地	5.17	0.61	5.17	0.61	0
		绿地与开敞空间用地	0.23	0.03	0.23	0.03	0
		留白用地	—	—	1.46	0.17	+1.46
		空闲地	—	—	—	—	—
		村庄范围(203)内的其他用地(公路用地101乡道)	13.73	1.61	13.73	1.61	0
其他建设用地		区域基础设施用地	—	—	—	—	—
		特殊用地	0.31	0.04	0.31	0.04	0
其他用地		陆地水域	31.46	3.68	31.30	3.66	−0.16
		田间道	12.04	1.41	12.04	1.41	0

注:建设用地=城乡建设用地+区域基础设施用地+其他建设用地

村域用地总面积854.16公顷,其中农业用地669.62公顷,占总面积的78.4%;建设用地65.48公顷,占总面积的7.67%;一般生态用地119.06公顷,占总面积的13.94%。

3.6.5 集体经营性建设用地

依据《中华人民共和国土地管理法》(2019年修正),允许集体土地入市流转,因此,对村庄内集体经营建设用地的用地面积、开发强度、建筑高度、建筑密度、绿地率、建筑退线等指标进行控制。

统筹安排村内工业和仓储集体性经营用地规划布局,优先做好存量集体经营性建设用地安排,合理确定新增集体经营性建设用地的用地类型、范围、面积,对其提出管控要求,为集体经营性建设用地入市预置规划条件。

1. 用地性质

村庄内集体经营性建设用地主要为工业和仓储用地,总用地面积为0.99公顷,为新增农产品加工企业用地。

2. 建设强度控制

村庄内工业和仓储用地建设强度不大于1.2。

村庄内工业和仓储用地建筑高度不大于12米。

村庄内工业和仓储用地建筑密度不大于30%。

村庄内工业和仓储用地绿地率不小于30%。

村庄内工业和仓储用地退让对外联系道路和干路道路红线距离为5米,退让支路和宅前路红线距离为3米,退让绿地和农用地红线距离为3米。

3.7 村庄建设规划

3.7.1 公共服务设施规划

规划扩建村委会用地用房,打造村庄综合服务中心,提升服务功能。充分利用村委会现址及周边的非耕地,完善公共服务管理设施,建设新的村庄综合服务中心,包括公共服务管理设施、医疗设施、社会福利设施等用房,并将未来发展的旅游服务配套设施纳入规划。

公共服务管理设施——村委会建筑面积800平方米(两层建筑);综合服务中心、文化服务中心、快递投放点、金融服务点、科技服务点等建筑面积1000平方米;医疗服务设施建筑面积100平方米;社会福利设施建筑面积150平方米;文体设施占地500平方米;绿地健身广场(避难所)占地1500平方米(自然村分别各建设1处500平方米)。此外,建设旅游综合服务超市1处,见表3-8。

表3-8 村庄公共服务设施统计表

设施名称	现状建筑面积或占地面积/平方米	规划建筑面积或占地面积/平方米	备注
公共服务管理设施	360	1800	村委会、综合服务中心、文化服务中心、快递投放点、金融服务点、科技服务点、旅游服务超市等

续表

设施名称	现状建筑面积或占地面积/平方米	规划建筑面积或占地面积/平方米	备注
文体设施	320	500	文化活动场地
医疗服务设施	50	100	卫生室
社会福利设施	0	150	老年人日间照料中心
绿地健身广场（避难所）	1000	1500	现有1处，规划每个自然村各1处500平方米

3.7.2 道路交通规划

规划原则。根据村庄产业发展、村民生产生活的需要，合理衔接对外交通，优化村庄内部道路系统，打通断头路，连接到户。

道路分级。规划结合《沈阳市村庄规划编制导则（试行）》要求，村域范围内的道路，按照主要功能和使用特点划分为乡道、干路、支路和宅前路四个等级。

对外道路。规划强化对外交通联系功能，加强穿过村庄的乡道101两侧的绿化建设，规范道路交叉口布局与设计，保障村民出行和进入村游览交通顺畅。完善对外道路和居民点道路的衔接，构建与村庄内部道路环式与尽端式相结合的路网系统。

村内道路。村内（居民点）道路系统分为干路、支路和宅前路三级。规划基本维持现状街巷肌理，依据现有空间尺度、道路现状及基础设施配建要求，干路红线宽度控制8~12米，功能满足联系村庄内部各组团以及对外公路。支路红线宽度控制5~7米，路面硬化，功能满足连接主要宅前路，满足消防车通行要求。宅前路红线宽度控制3~5米。实施断头路的改造、局部路面拓宽等工程建设，在村庄干路建设村内停车场一处。

规划在现状干路、支路和宅前路的路面已全部硬化基础上，疏浚、完善干路两侧排水沟，保持清淤、畅通。增补干路两侧果树、乡土树种的行道树绿化，形成特色景观，适宜地建设步行路。

3.7.3 交通附属设施

公交站点。规划在中心村与乡道101交叉口，设置公共交通换乘点。

道路亮化。规划建设对外联系道路及部分干路路灯设施系统。沿村庄干路、支路增设120盏路灯，路灯间距30~40米，单侧、合理选址布置。维修损坏路灯50盏，提高亮化率和保有率。同时对村委会、活动广场等公共空间增设功能性照明。

交通设施。规划设置道路交通标牌等交通安全设施。在村庄主要道路设置警告标牌、限速标牌及道路反光镜，增强通行安全。交通安全设施根据相关要求，以安全、经济、方便识别为原则，结合村庄的实际需求及当地村庄的生产生活习惯进行配置。

3.7.4 公用基础设施规划

1. 供水工程

水源水质。村居民饮用水，近期由现有的一处水源井提供，远期接入镇区自来水厂。水源井周围划定 50 米防护范围,范围内不得设置渗水厕所、渗水坑、粪坑、垃圾堆、废渣堆等污染源。确保饮用水水源水质符合《生活饮用水卫生标准》(GB 5749—2006)。

供水方式。给水系统采用集中式地下水为饮用水水源,自来水覆盖率100%。采用生活用水和消防用水统一的供水体制,规模满足村庄生活用水需求。

用水量预测。参考本规划期的人口预测数量 1345 人,用水量标准取为 80 升/(人·日),供水普及率100%考虑,则生活用水量为 107.60 立方米/天。考虑到1.1的未预见系数,则村庄生活综合用水量为 118.36 立方米/天。日常保持对村民宣传节水知识,开展节水活动。

供水系统模式。规划近期,根据本村经济发展和乡村建设的具体情况,供水管网采用环状管网和枝状管网相结合的布置形式。沿村庄干路、支路敷设,可适当补充与延伸修建,给水管网采用地埋方式敷设。供水压力要求达到 0.25~0.30 兆帕,管网末梢地段控制压力不小于 0.15 兆帕。规划远期,生活给水与消防采用低压供水系统共用同一管道。为满足消防需要,在给水管道每隔一定距离设置地下式消火栓,间距不大于 120 米。

2. 排水工程

排水量预测。村庄雨水排放量采用《中国城市新一代暴雨强度公式》(邵尧明、邵丹娜,中国建筑工业出版社,2014年版)的暴雨强度公式,选取新民市站点的成果:

$$i=\frac{6.7608+4.7364\lg T)}{(t+8.45039)^{0.5982}} \tag{3-2}$$

式中:i——设计暴雨强度(毫米/分钟);T——设计重现期(年);t——设计降雨历时(分钟)。

计算可得:50 年频率,20 分钟的条件下,$i=1.3590$ 毫米/分钟

村庄地形总体上北低南高,自然排水条件一般。雨水量按照各段所服务面积,进行逐段计算雨水流量。

排放系统模式。规划沿村内干路、支路及宅前路的两侧或单侧,修建雨水排放盖板沟渠,或结合路侧卵石沟进行雨水排除。排放至村庄现状沟渠、池塘、周边低洼处及农田。

加强排水沟渠日常清理维护,防止生活垃圾、淤泥淤积堵塞,保证排水通畅,可结合排水沟渠砌筑形式进行沿沟绿化。

3. 生活污水处理工程

污水量预测。污水量参考规划给水量的85%计算,平均污水总量为 100.60 立方米/天,最高日污水量取 1.3 的未预见系数,村内部分入户厕所的污水由三格式化粪池收集及简单处理,厨房及洗涤污水倒入庭院中的渗漏井,则村庄最高日污水量为 130.578 立方米/天。日常对村民宣传污水处理知识,开展达标排放活动。

污水处理模式。规划近期,全面实施厕所革命工程,科学指导农村户厕建设与管理,一是结合公共服务设施、农户住房设置室内冲水厕所,二是对现有农户住房外厕所改造入户。入户厕所污水由三格式化粪池收集、清掏,再经过集中处理后,用于堆肥。2025 年卫生厕所普及率达到 85%,2035 年卫生厕所普及率达到 100%。厨房及洗涤污水倒入庭院中的渗漏井处理。

规划远期，根据村内道路的现状及发展规划特点，建设雨污分流排水体制。在村庄北部最低点(海拔19米处)建设生活污水处理设施——人工湿地污水处理系统(氧化塘)，承担村庄生活污水处理，经过污水管网，最后可排入新桥河。

人工湿地污水处理系统具有基建投资和运转费用低、维护和维修简单、便于操作、能有效去除污水中的有机物和病原体、无须污泥处理等优点。污水管道网建设依据地形坡度铺设，污水干管的坡度应不小于0.3%，以满足污水重力自流的要求。污水干管沿村庄干路、支路布置，收集村庄污水。

4. 生活垃圾处理工程

垃圾量预测。参考本规划期内的人口预测数量1345人，按照人均生活垃圾生产量指标按1千克/(人·日)计算，经计算，村庄日产垃圾约1.345吨。对村民宣传垃圾分类处理知识，开展达标排放活动。

垃圾处理模式。规划近期，按照"组保洁、村收集、镇转运集中处理"的垃圾收集处理模式，在村内每户家庭门前配置垃圾收集设备，方便垃圾投放和转运，改善卫生条件。全村设5名专职人员。

规划远期，按照"户分类投放、组保洁、村收集、镇转运、区集中处理"的垃圾收集处理模式，全部转运至辽中区垃圾处理场集中统一处理。

5. 电力工程

负荷预测。参考本规划期的人口预测数量1345人，村庄用电负荷标准取300千瓦/(人·年)，规划村庄年生活用电负荷为403.5兆瓦。同时考虑生产用电、公共服务设施用电，规划年生产、公共服务用电负荷为2400兆瓦。日常对村民宣传安全用电知识，开展节能用电活动。

供电系统。村电源来自辽中区35千伏变电站。村庄用电由杆式变压器提供。村庄内10千伏线路采用架空线形式。架空线沿村内主要道路及农田架设。为村庄杆式变压器供电的线路均为单回。

规划保留原有的电力设施，对不合理的低压架空线路根据规划道路进行合理调整。逐步改造居民户内的电气线路，照明、插座回路分开，并对插座回路设漏电开关保护器，如有空调单设回路。规划远期，提倡建设光伏设施，使用清洁电能。

6. 通信工程

负荷预测。村内固定电话及宽带由辽中区电信局提供，电信覆盖率为100%。电信负荷预测：村庄按电话普及率100部/百人计算，本次规划范围固定电话主线容量需要1600部。

电信系统。村有线电视信号源来自辽中区电信局，在村委会内设置电信网络交接点。规划电信及有线电视线路均采用架空方式，沿村庄主要道路单侧架设，与电力线路分设在道路两侧，电信及有线电视线路宜同杆架设。

3.7.5 综合防灾规划

1. 健全防灾组织

成立村党支部、村委会领导的防灾救灾领导小组，组建防灾救灾志愿者队伍，明确职能分工,加强能力培训,保证队伍拉得出、用得上、打得赢。

村委会为防疫临时指挥中心,卫生室为防疫救援中心。

2. 设置避难场所

避难场所设置原则:步行10分钟可到达紧急避难所。避难所面积根据人数核算,临时避难所为1平方米每人,固定避难所为2平方米及以上每人。每个自然村内的绿地健身广场作为紧急避难场所,服务范围覆盖整个村庄。村委会为灾时临时指挥中心,卫生室为防灾救援中心。村庄对外联系道路和村庄干路为主要疏散通道。

3. 消防规划

规划村设置义务消防值班室,组建村民消防志愿队,配备简易消防车,与道路园林绿化合用,利用河流、池塘、水渠等水源兼顾消防用途。

4. 防洪规划

规划疏浚整治、改造提升村内沟渠,做好水土保持工作。贯彻"全面规划、综合治理、防治结合、预防为主"的防洪减灾方针。防洪工程规划建设与流域规划相协调,科学确定防洪标准,加强防洪减灾设施建设和维护,保证村庄防洪安全。

5. 抗震规划

规划对村庄新建房屋、公共设施建筑严格按照国家抗震有关规定进行设防;一般建筑物、构筑物按7度设防或加固。

6. 防疫规划

规划按照"预防为主、平灾结合、快速反应、措施有效"的原则,加快建立和健全村现代化的防疫体系,提高居民点的整体防疫和救助能力,确保卫生防疫安全。加强流行性传染病预防和控制,完善医疗救济网络,提高应对突发性公共卫生事件的能力。

3.8 土地综合整治规划

3.8.1 生产空间整治

1. 高标准农田建设

依据永久基本农田布局与整治潜力,科学选址开展建设,实现农业增收和可持续发展。通过对田、水、路、林、村的综合整治,改善和完善配套基础设施,优化配置和合理布局农用地,改良土壤,完善农田水利设施,提高耕地质量,增加粮食产量。

规划主要围绕农田生产能力、灌排能力、田间道路通行运输能力、农田防护与生态环境保持能力等方面,重点保障农田基础设施建设。规划对村耕地120公顷进行高标准农田建设,对村庄内部耕地进行提质改造,面积为20公顷,确保其用地平整、土壤肥沃、灌排方便、道路畅通、生态良好,确保粮食安全、生态安全,提高农业综合生产能力,努力提升粮食及农产品供应能力。

2. 探索节水农业

全村耕地目前已经机井全覆盖,加大综合应用各种节水技术,完善灌溉节水设施,提高用水效率,减少农业耗水,建设高效节水生态农业示范点。

规划倡导推广限额灌溉技术和节水农业措施。引进抗旱、高产、优质农作物新品种,实施多项技术组合配套的节水生态农业工程,发展节水灌溉面积。

3. 建设用地整治

按照节约集约利用土地的要求,充分利用全域土地综合整治和城乡建设用地增减挂钩政策,积极开展废弃和闲置建设用地整理,实现村庄建设空间集约高效。

规划优化村庄建设边界,梳理现状用地管控图斑矛盾,采取现状建设用地等量化原则,闲置宅基地优先利用,合理增设村庄公共服务空间,全面清理道路两侧乱搭、乱建等现象。

3.8.2 生态空间整治

1. 河流沟渠生态修复

统筹建设水体生态修复治理工程。全面修复新桥河岸线,清理河道、主要沟渠的杂物及淤积泥沙,改善河流水质,提升河流、沟渠的疏水防洪功能、生态服务功能,修复河流两岸8.5公顷岸段。利用新桥河岸两侧空间,建设滨水休闲步道,增加生态蓄水等功能规划,因地制宜建设滨河游憩空间,辅助发展乡村生态休闲度假旅游。对滨河岸线生态景观化处理,加强岸线保护,净化水体,种植丰富的绿化水生植物,增加滨水休闲步道;根据不同地块的基础条件,对村庄内部坑塘水面调整优化,周边绿化美化,全面提升村庄水域生态服务功能,与乡村生态休闲度假旅游共建游憩空间。

2. 农田林网林地修复

规划统筹建设村庄农田林网(林带)、林地生态修复工程。对现有农田林网(林带)进行补种,整治损毁林地0.4公顷,提升防风固沙能力;对河旁林地、水渠旁林地进行增补,提升村庄生态廊道功能;在村庄西南部建设新的防护林带,形成农田、林网(林带)、河流水系自然融合的生态田园村落风貌,构建美丽宜居的田园生态乡村格局。

调整优化村庄居民点集中建设区周边的林地、草地空间分布,增种乡土植被,加强林草地管理,提升抵御风沙灾害能力。倡导农户庭院周边自己种植树木、花草,美化环境,打造房屋置于林草中、行走在绿地中的美丽田园生态空间。

3.8.3 生活空间整治

1. 居民点布局优化

规划优化村庄建设边界,梳理现状用地管控图斑矛盾,采取现状建设用地等量化原则,保持村庄整体相对集中、宅基地紧凑布局的聚落形态。在村庄居民点内部街巷肌理现状的基础上,整理闲置宅基地1.32公顷,结合村庄周边水域,将民宅、产业资源与林、水、田有机融合,改善村庄生活环境。

在符合国土空间规划、用途管制和依法取得前提下,允许村集体在农民自愿前提下,依法把有偿收回的闲置宅基地、合理安排自然村闲置房屋转迁,适宜地启动闲置房屋集中改建,新增人口以利用闲置宅基地为主。

在村民"不离土、不离乡、不离业"的情况下,将闲置住房、庭院拿出来,增设服务设施空间,提高建设土地利用效率。打造成乡村精品民宿,服务现代城市居民,或让灰色空间还田、还绿。

2. 街巷环境综合整治

规划落实农村人居环境整治三年行动方案,集中整治村庄农业废弃物、建筑垃圾乱堆乱放,养殖户随意建舍、堆肥堆粪和污水排放问题。充分利用划定的养殖区集中养殖散户,建设养殖区环境监测系统,废弃物、污水处理排放达标。结合道路系统规划,全面清理沿路乱搭乱建、乱堆、乱放。重点清理村内及周边、田间地头、设施农业区、农户院内外的各类垃圾,取缔露天垃圾堆,杜绝垃圾随意倾倒、丢弃现象。

3.9 居民点规划设计

3.9.1 农户住房建设

1. 宅基地控制标准

严格控制宅基地占地面积标准。依据《辽宁省实施〈中华人民共和国土地管理法〉办法》要求,大兰窝棚村属于人均耕地超过667平方米以上的村庄,每户宅基地面积不准超过300平方米,并严格落实"一户一宅"要求审批。

2. 民房建筑控制

村民建房要求分为控制性内容和指引性内容,其中控制性要求包括建房选址、建筑物等;指引性内容包括建筑风格、色彩等风貌。

选址:村民建房应当与旧村改造、土地整理、宅基地复垦相结合,充分利用原有的宅基地、村内空闲地。严格控制占用耕地建造住宅,不得在基本农田保护区内建造住宅。

建筑物:村民建房应为1～2层,原则上不超过2层。单层住房主体高度不宜超过5米,住宅建筑限高控制为9米。住宅分为平屋顶、坡屋顶两类。

风貌:保留村庄原有建筑风格,实现整体风貌协调。住宅建筑主要色彩,墙面主色彩宜选用白色、砖红、灰色等北方传统民居色彩。屋顶主色彩宜选用灰色、红色或蓝色。同时提取传统符号运用到住宅建设中。

3.9.2 庭院建设

1. 庭院空间利用分区

积极引导村庄庭院空间的建设,明确功能分区,提高空间利用率,提升环境质量。庭院分居住空间、存储空间、交通空间、休闲空间及果蔬园地等功能区。庭院内道路、休闲空间要铺装,厕所全部入户,杂物空间要整洁、规范。

2. 庭院围墙大门改造

庭院大门、围墙提升改造可根据街巷空间特征选择相同或相似的院墙、院门形式,注意整体的协调性和合理性。庭院大门、围墙沿路要求绿化。

村庄主路、支路和宅前路旁的庭院,在经济可行性、使用便捷性、美观适宜性的原则下,沿街农户大门立面采用统一标准的"门垛式"结构,宽度大于 3 米,高度 2.5 米。庭院围墙以砖砌实体墙为主,院墙高度 1.6 米。整体上色彩以浅灰色、白色系统优先,采用宣传画装饰。

村庄公共建筑大门采用统一标准的自动伸拉门,围墙采用现代半通透式结构,高度 1.6 米,与整体建筑协调,美观适宜。

3.9.3 人居环境提升

1. 村庄景观改造

村庄形象第一敏感区,即大兰中心村乡道 101 村口处设立"大兰村(乡村旅游)标识",凸显村庄特殊景观,标识物周围适当预留开敞空间或绿化小广场。

梳理村内现状的边角地、未利用地,设置街角绿地,形成景观节点,并铺以休闲座椅、亭廊、废物箱等环境设施小品,形成村庄内部景观节点。

2. 绿化景观提升

村庄绿化景观建设要与生态防护工程、产业规划相结合,做到整体"一盘棋"。注重生态防护,建设森林村庄、林果村庄;与旅游项目相结合,依托山水林田湖草,建设风景村庄。全面提升村庄道路、河道、宅旁、庭院等绿化景观建设,做到见缝插绿。

道路绿化:干路、支路及宅前路两侧或单侧,采用传统的乡土植物的绿化方式,宜乔则乔、宜灌则灌,宜草(花)则草(花)。逐步调整为乔灌草相协调、多物种的街巷绿化景观,同时要注意避免整齐划一。

河岸绿化:尽量保留河道水系现有自然形态,要避免网格化、简单硬化等水系治理模式。滨水绿化以亲水型植物为主,采用自然生态的布置方式,营造自然式滨水植物景观。结合防洪或整治堤岸建设,加强绿化美化设计。

宅旁绿化:合理规划房前屋后空地,对围墙、绿篱等围合构筑处及建筑出入口提出绿化美化设计。注重品种适应、尺度适宜,宜以落叶树种为主,以利夏有树荫、冬有阳光。

其他绿化:充分利用空闲地和不宜建设地,开展村内隙地美化绿化,见缝插绿,消除裸露地面,打造特色乡村庭院景观。

3.10 近期实施项目

3.10.1 项目建设引导

按照总体规划要求,结合国家乡村振兴实施方案,合理安排村庄近期建设项目。项目建设安排既从村庄现有基础出发,又要统筹全村未来发展的需求,妥善处理好近期与远期建设的衔接,协调好上级部门任务与村庄布局调整,村庄功能完善的关系,重点考虑安排短时间内使村庄生产、生活条件得到明显改善。

3.10.2 近期项目安排

近期建设项目主要考虑村民生活最为迫切的道路亮化、绿化、排水、交通设施等基础设施,以及垃圾处理配套公共服务设施,围绕村庄绿化美化、产业发展以及公共服务设施进一步提升等,见表3-9。

表 3-9 村庄近期建设项目一览表

项目类型	编号	项目名称	项目位置	建设内容概述	年度计划	预算/万元
公共服务设施和公用设施	1	综合服务中心(村委会)	村委会原址及附近	新建房屋1000平方米,占地1.06公顷	2025年	450.00
	2	快递投放点	村委会(小卖店)	新建房屋50平方米	2024年	1.00
	3	金融服务点	村委会	新建房屋50平方米	2024年	5.00
	4	科技服务点	村委会	800平方米	2025年	100.00
	5	老年人日间照料中心	闲置宅基地腾退	改造房屋150平方米	2024年	50.00
	6	健身绿地广场	道路旁或闲置宅基地腾退	500平方米×3	2025年	50.00
人居环境提升	7	道路警示牌	村庄干路交叉口	10块	2024年	2.00
	8	道路、广场绿化	有种植条件的村庄干路、支路和文化活动广场	乡土树种及光辉海棠、五角枫、紫丁香、连翘、槭树、榆叶梅等景观树种1500株	2025年	50.00
	9	道路、广场亮化	干路、支路及交叉路口、文化广场	维修路灯80盏、新增路灯120盏	2025年	35.00
	10	旅游服务设施村庄入口标识景观等	村庄内及乡道101与南进村道路入口	各1处	2025年	20.00
	11	庭院大门、围墙改造	村庄干路两侧	围墙1500米	2025年	215.00
	12	村庄垃圾处理工程	每户设立独立的垃圾箱,由村统一收集、转运	430个	2025年	5.00
	13	畜禽养殖集中工程	村设立集中养殖区,解决村内分散养殖污染问题	村畜禽养殖区	2025年	2.00
	14	村内环境整治工程	解决乱堆乱放乱建等环境卫生问题	全村域	2025年	2.00
合计						987.00

3.11 规划实施保障

3.11.1 坚持党的领导,目标导向

村庄规划实施是一项内容多、范围广、周期长、任务重的综合性建设工程,要突出村党组织、村委会的领导力和聚合力,统一思想、明确责任;目标导向,聚力落实。为此,成立"村庄"规划建设工作领导小组,由村书记和村主任担任领导,从"学、责、联"三招强化领导,拧紧各股合力。坚持政治学习,掌握任务目标要求;责任链条式压实,考核评估并举;统筹多方力量,上下合力联动,有计划实施规划建设项目,实现乡村振兴。

3.11.2 创新资源管理,产业支撑

激励创新资源管理,遵循社会主义市场经济规律配置资源,以产业支撑规划实施。鼓励农户、企业、科技人员利用土地流转政策,促进农业规模开发、产业升级。积极探索、扶持"专业合作经济组织＋农户＋科技人员＋龙头企业""科技大户＋科技人员"等生产模式,以企业化管理生产,推广新技术、新品种、新农资,加速科技成果转化为现实生产力。整合产业发展中政策、资金、资源、技术和人才各要素,推进创新发展,对有贡献的组织、农民及科技人员、管理人员重奖。以产业支撑规划实施。

3.11.3 尊重村民意愿,聚力落实

建立规划民主参与决策管理制度,保护村民的各项权益,聚力全村的一切可以利用的各类资源和力量,有计划实施规划建设项目。村庄建设规划是村级经济发展、社会事业建设的重大事务,通过召开村民代表会议,使村民了解规划的内容和要求,以及规划实施的意义,以政府引导、市场化运作、村民参与相结合的方式,鼓励村民全程参与规划实施,将规划内容纳入村规民约,变成农民乐于参与的自觉行动。

大兰窝棚村村民公约

依法治村	遵规守约	民主决策	共同富裕
保护耕地	严守红线	保护环境	建设规范
热心公益	村庄整洁	服务便民	设施齐全
文明和谐	弘扬正气	家庭和睦	邻里友善
热爱祖国	共建家乡	诚信为本	敬业奉献

3.11.4 合理有序推进,长效管护

村庄规划是指导全村未来发展的蓝图,每一项具体的建设内容都需要遵循村庄现有基础,从全村发展的阶段性评估,妥善处理好近期与远期建设的衔接,合理有序推进。既要在短时间内使村庄生产、生活得到明显改善,又要长期上确保建设项目逐步落实。村党组织、村委会是

村庄规划落实的掌舵者、执行者。规划实施中不论采取何种发展模式,都要建立常态化的长效管护机制,确保完成建设项目持续发挥作用,避免半途而废,确保规划一张图干到底,实现村庄永续发展,见表3-10、表3-11。

表3-10 村庄发展规划指标表

指标	基期年	目标年	变化量	属性	备注
户数/户	430	430	0.00	预期性	
户籍人口规模/人	1345	1345	0.00	预期性	
耕地保有量/公顷	650.92	647.58	-3.34	约束性	
永久基本农田/公顷	606.55	606.55	0.00	约束性	
一般生态用地/公顷	—	119.06	+119.06	约束性	
建设用地/公顷	64.19	65.48	+1.29	约束性	
集体经营性建设用地/公顷	—	1.55	+1.55	预期性	
建设用地机动指标/公顷	—	1.46	—	预期性	

表3-11 集体经营性建设用地管控表

用地编号	用地性质代码	用地性质	用地面积/公顷	容积率	控制高度/米	建筑密度/%	绿地率/%
A-001	100101	工业用地	0.99	1.2	12	30	20
A-002	0901	商业用地	0.56	0.8	10	30	30

3.12 大兰窝棚村村庄规划图集

结合村庄规划管理实际需要,规划按照《沈阳市村庄规划编制导则(试行)》(2022年3月)附录五 村庄规划制图要求,制作《规划图集》。

规划图件包括村域国土空间区位与现状图、村域国土空间规划图、村域国土空间管控图、居民点现状图、居民点规划图、产业空间发展引导图、土地综合整治项目引导图、集体经营性建设用地管控图、村庄基础设施规划图、村庄公共服务设施规划图、近期实施项目布局图等。图纸表达美观、规范,如图3-1—图3-12所示。

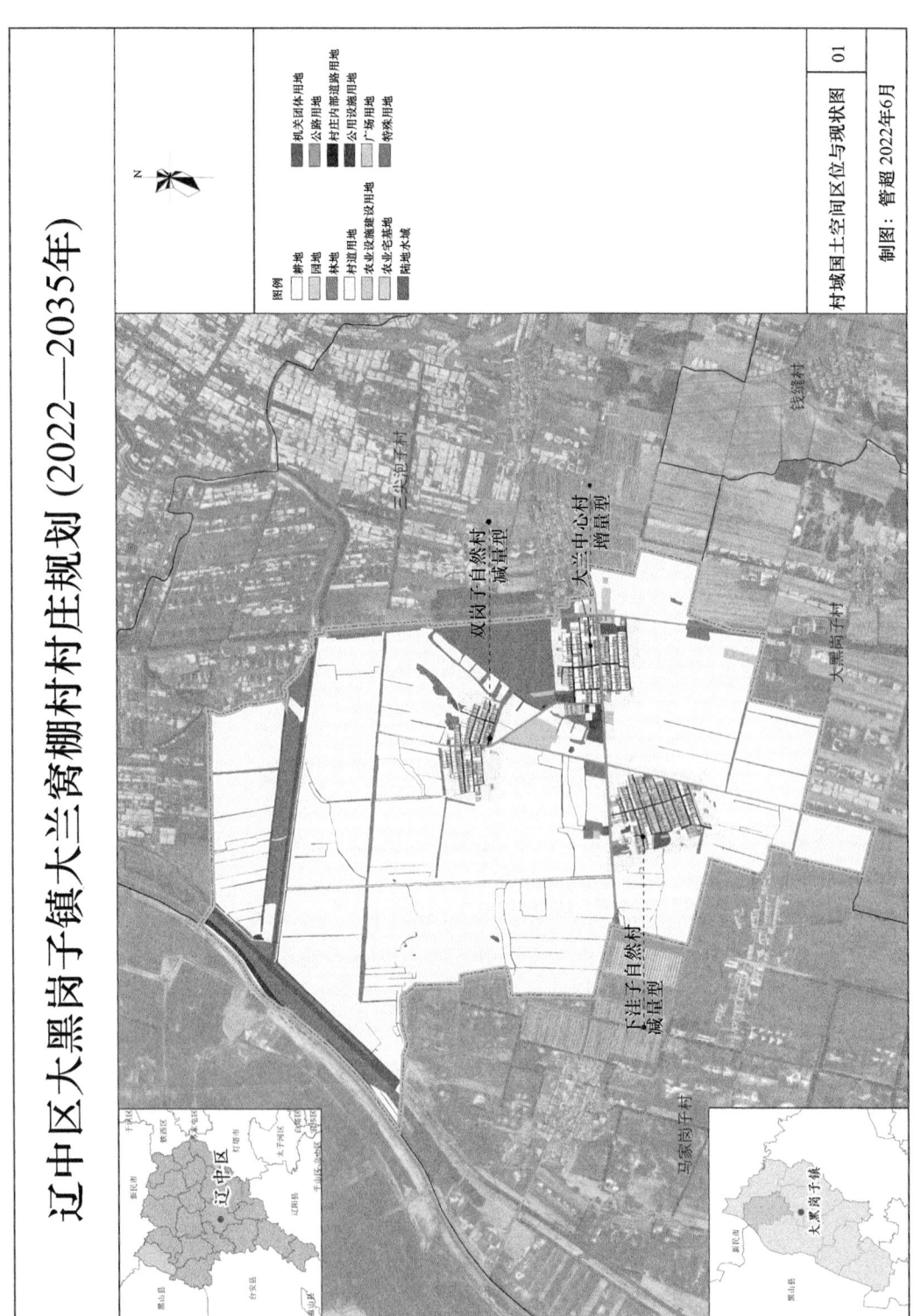

图 3-1 村域国土空间区位与现状图（另见彩插）

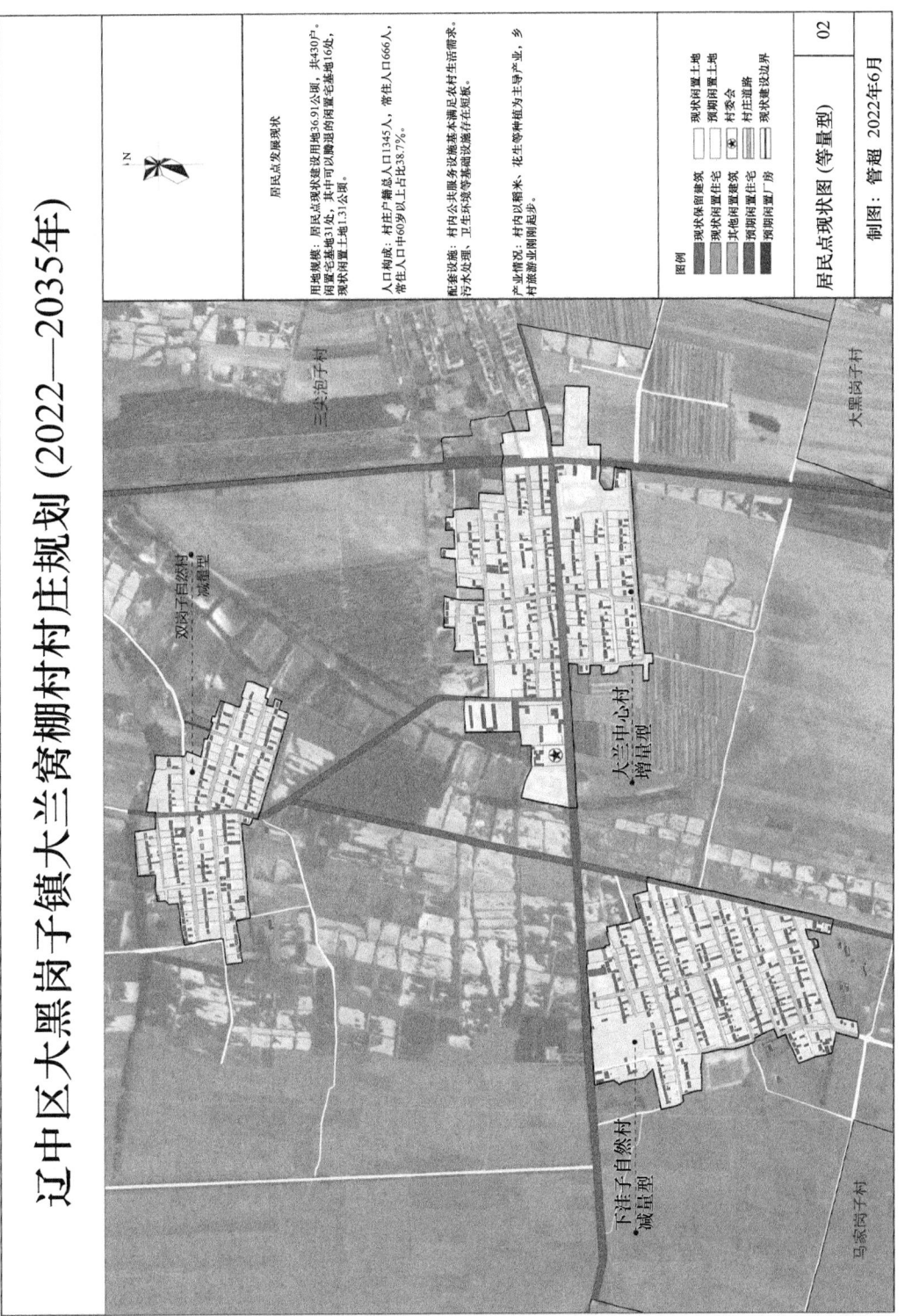

图 3-2 居民点现状图（另见彩插）

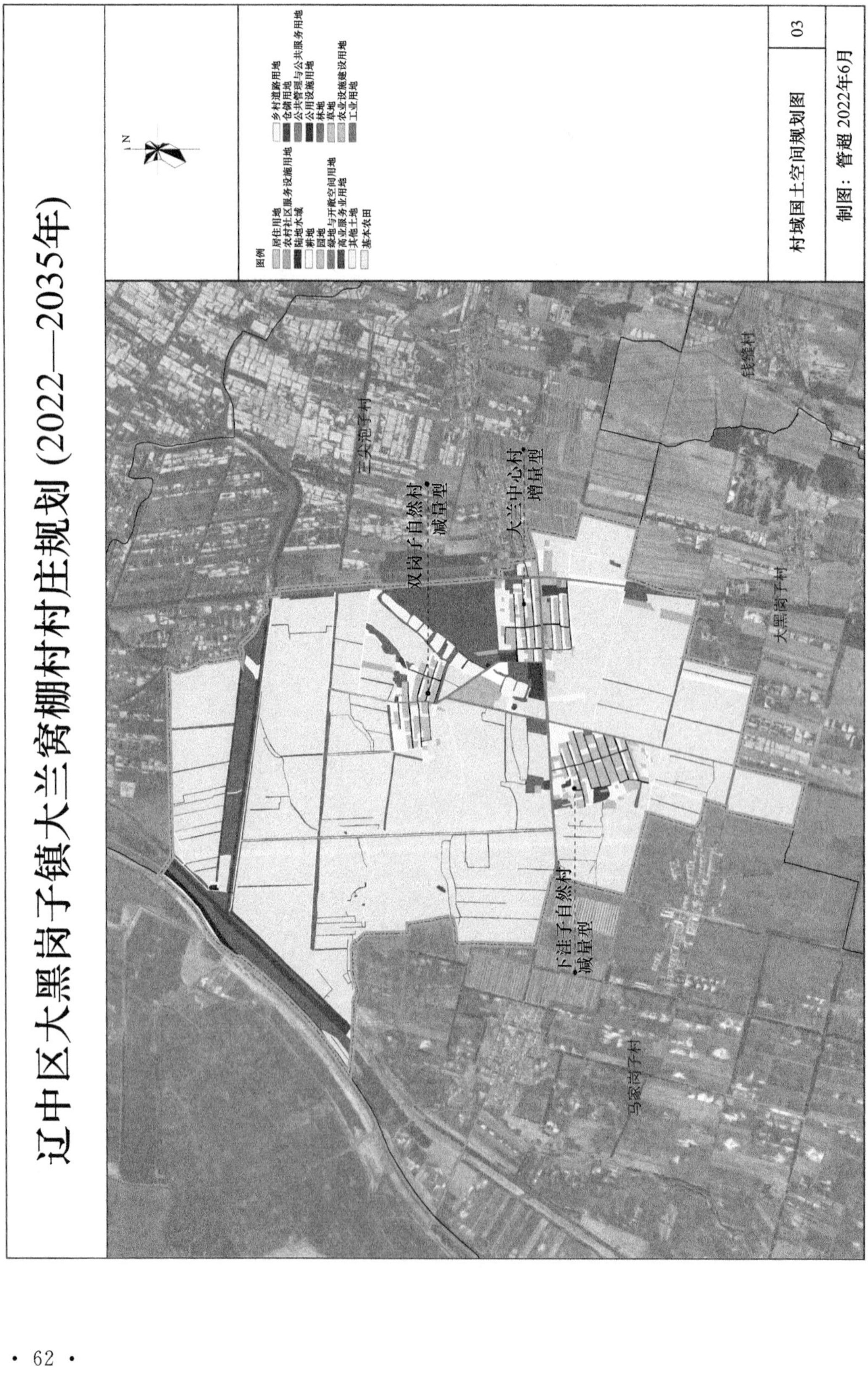

图 3-3 村域国土空间规划图（另见彩插）

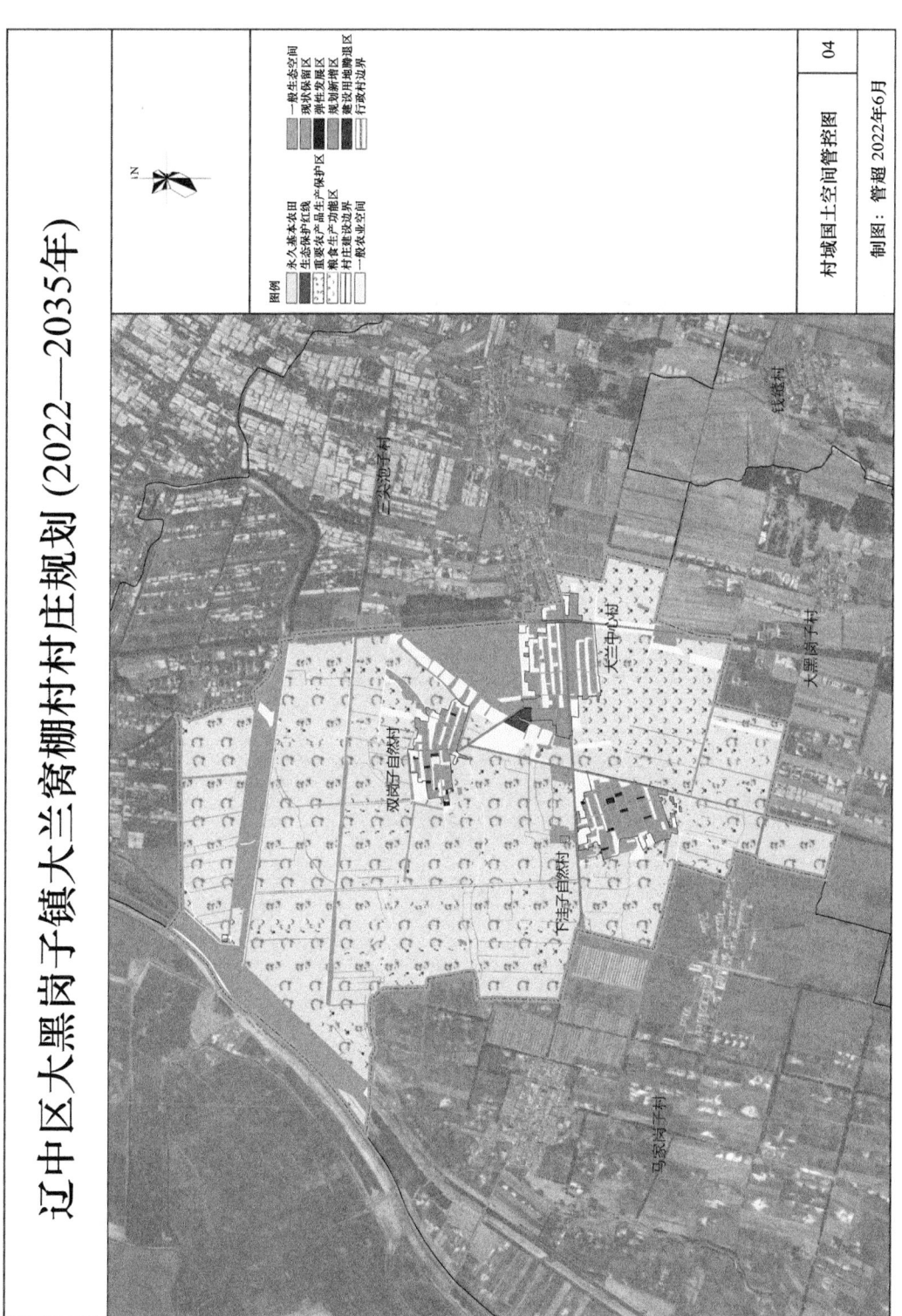

图 3-4 村域国土空间管控图（另见彩插）

图 3-5 产业空间发展引导图

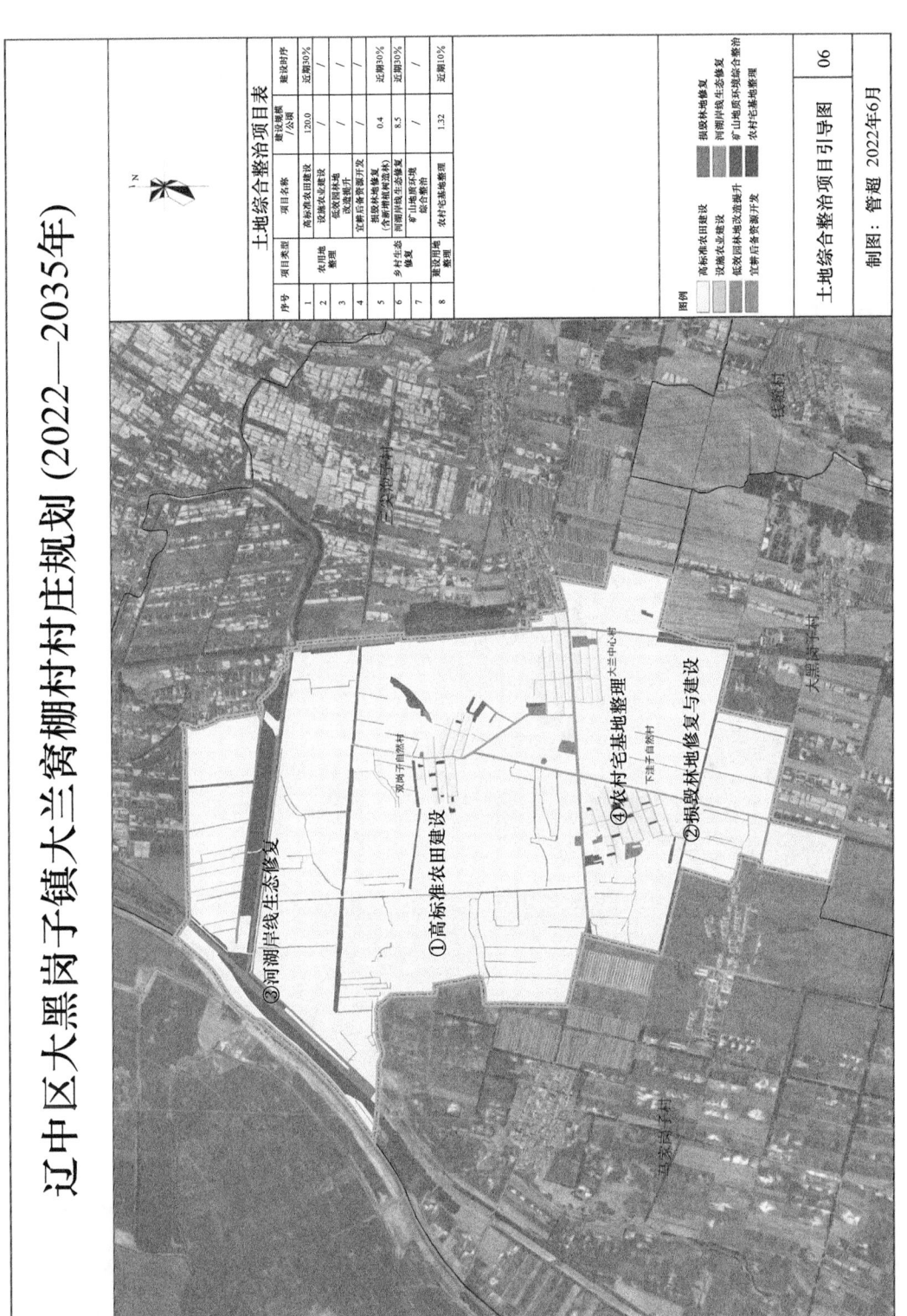

图 3-6 土地综合整治项目引导图(另见彩插)

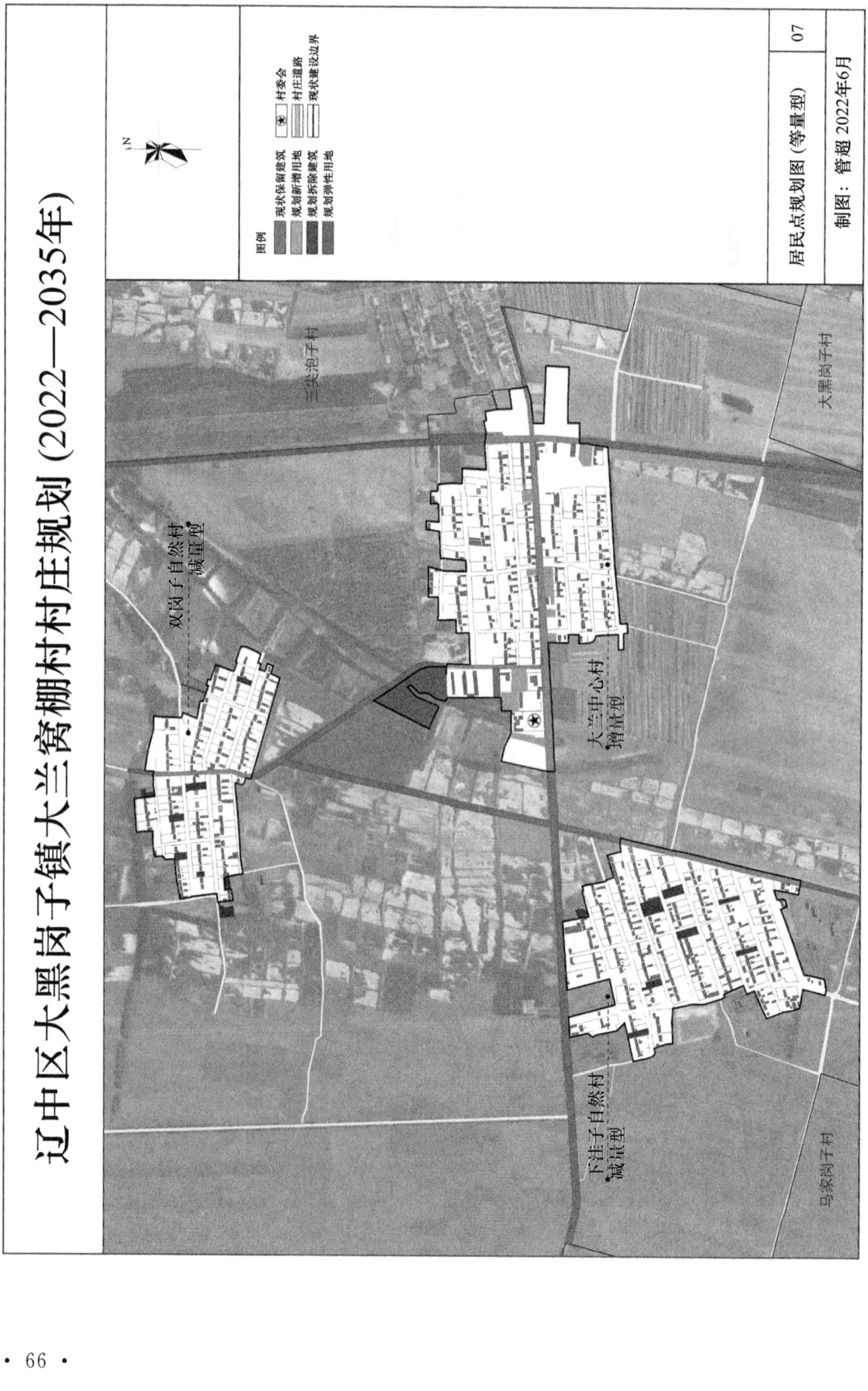

图 3-7 居民点规划图（另见彩插）

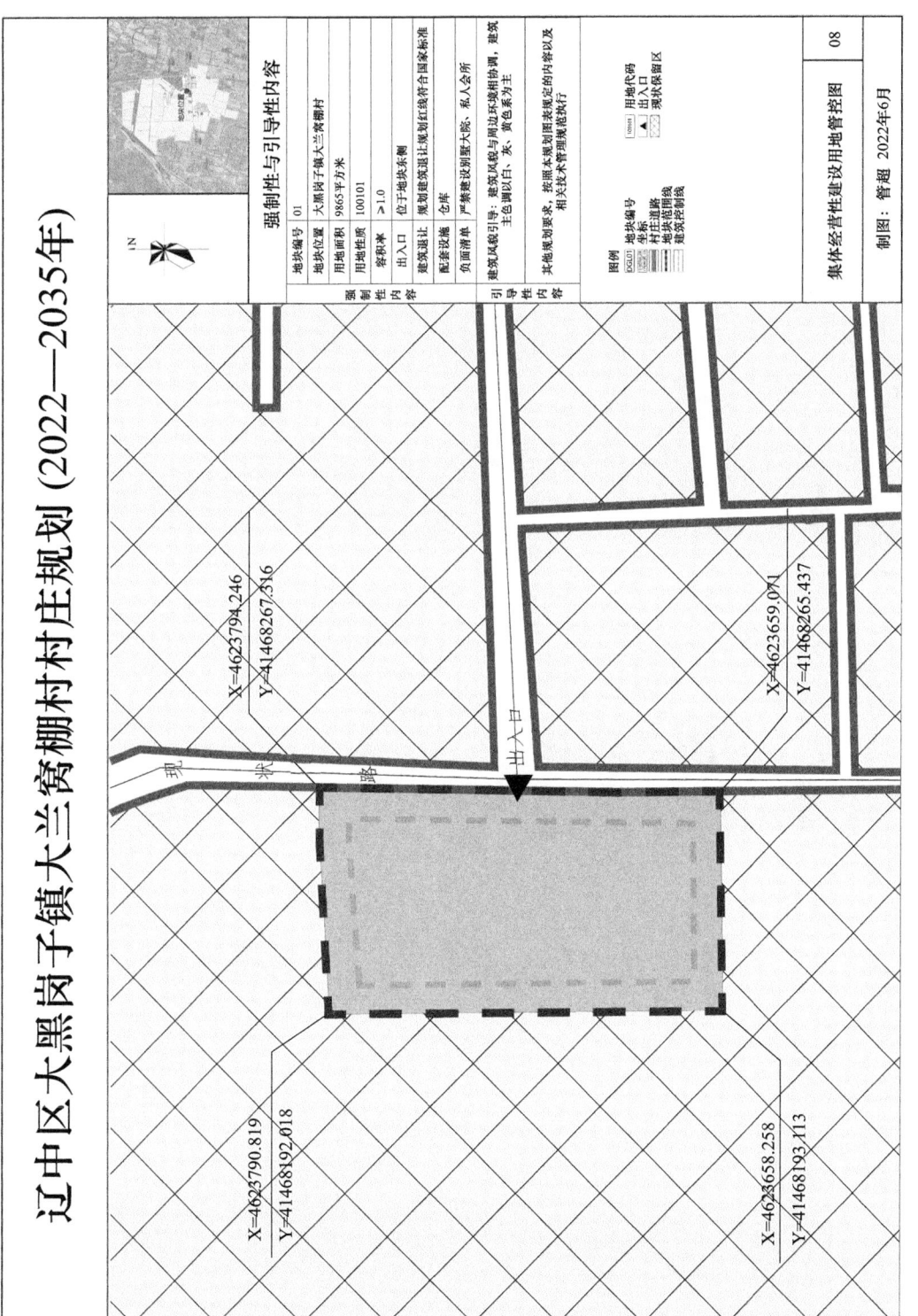

图3-8 集体经营性建设用地管控图（另见彩插）

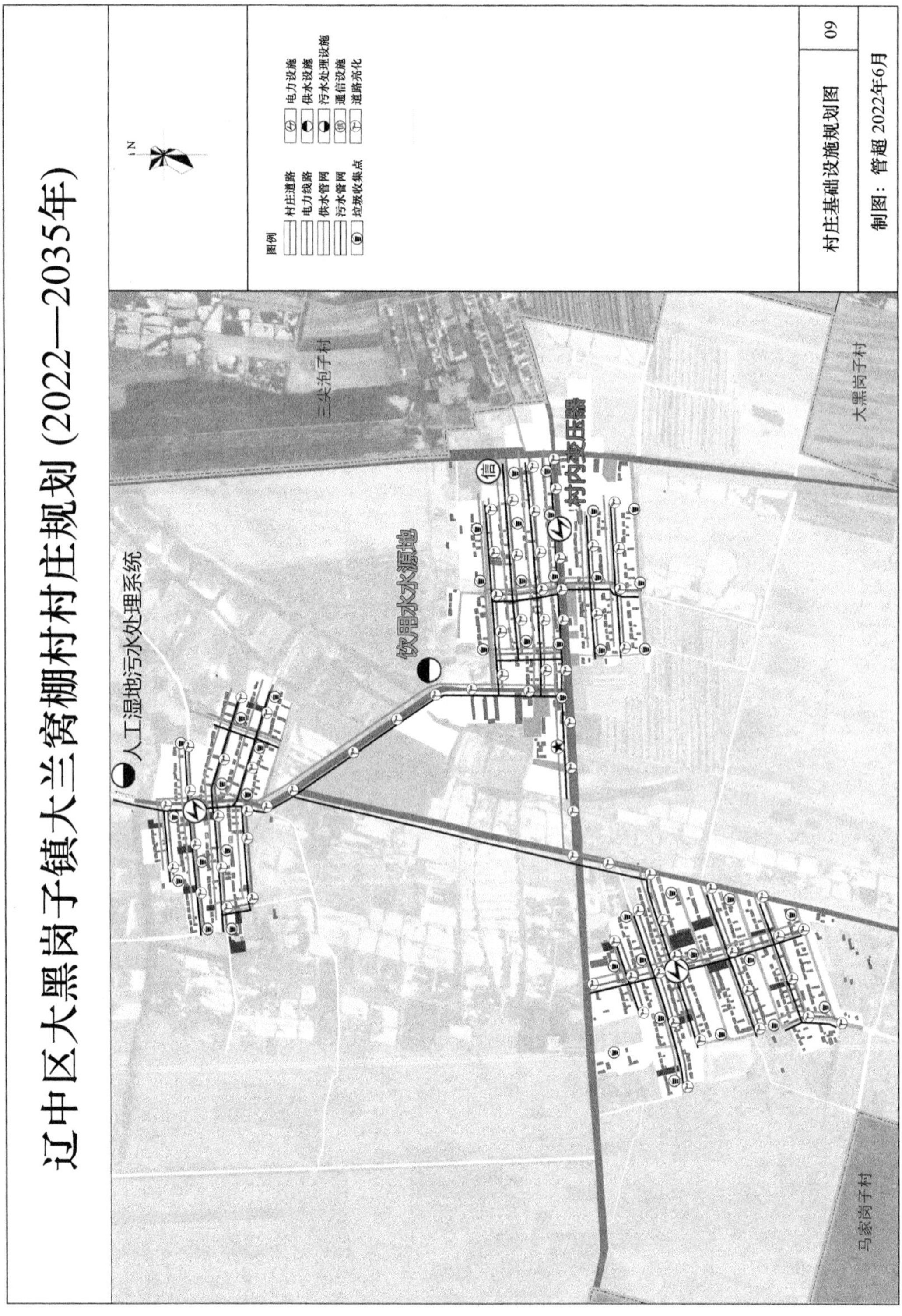

图 3-9 村庄基础设施规划图（另见彩插）

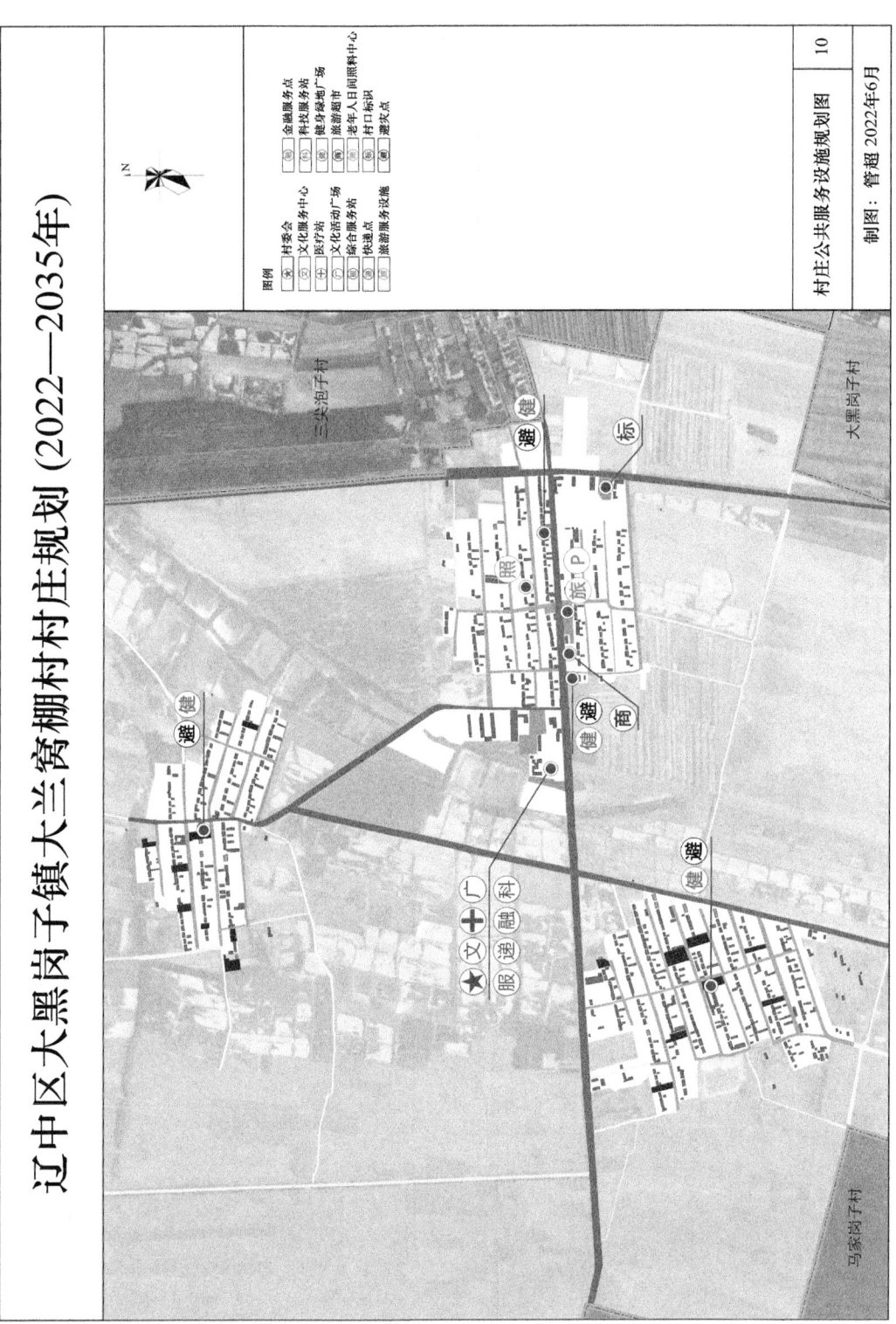

图 3-10 村庄公共服务设施规划图（另见彩插）

图 3-11 近期实施项目布局图

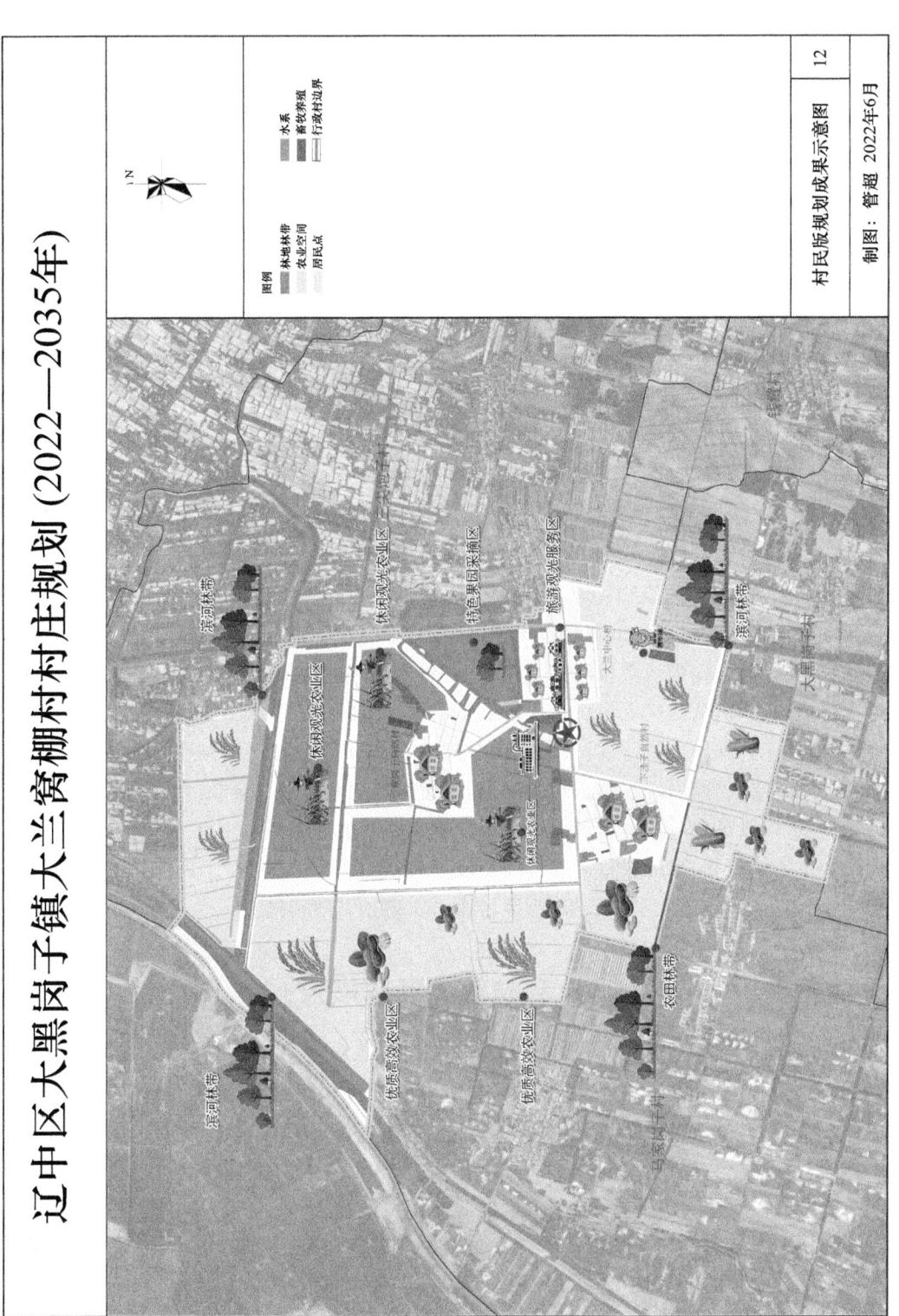

图 3-12 村民版规划成果示意图（另见彩插）

第4章　永陵镇饮用水水源地保护科技服务

饮用水安全是人民群众正常生活的基本条件,是保障人民群众身体健康和经济建设发展的必然条件,水源地保护又是确保饮用水安全的首要任务。保障饮用水安全是贯彻习近平生态文明思想的具体体现,是实现小康社会的根本要求。落实辽宁省委、省政府《关于全面加强生态环境保护坚决打好污染防治攻坚战的实施意见》(辽委发〔2018〕27号)提出的"到2020年,全省完成乡级集中式饮用水水源地保护区(或保护范围)的划定"的工作要求,抚顺市积极推进农村集中式饮用水水源地规范化建设工作。

按照《抚顺市集中式饮用水水源地保护攻坚战实施方案》(抚政办发〔2019〕9号)的工作部署,抚顺市以保障饮用水安全和水质改善为核心,坚持目标和问题导向,突出重点,务求实效,强化集中式饮用水水源地保护区规范化建设,依法取缔饮用水水源地保护区违法排污口和违法建筑,防范饮用水水源风险隐患,确保饮用水水质安全,全面完成了农村千人以上集中式生活饮用水水源地的保护区划定工作,落实了常态化、规范化和法制化管理。

抚顺市通过划定农村千人以上集中式生活饮用水水源地保护区及设置标识,落实农村供水水质监督检测责任,加强水质检测能力建设,完善农村供水工程水质检测监测体系,深化供水管护体制机制改革,从加强农村供水顶层设计、统筹部署农村供水工作、竭力谋划年度建设任务、全力推进工程维修养护、保障农村供水水质安全和完善农村供水保障方面,建立了供水规模化、建设标准化、管理规范化、用水便利化、运维智慧化和服务社会化的农村供水"六化"体系,基本实现了以乡镇政府所在地等人口集聚区域为中心的集中供水工程建设或标准化改造,供水保障水平不断提升,保证农村老百姓喝上放心水,达到了《辽宁省"十四五"农村供水保障规划及2035年远景目标》的工作要求,同乡村振兴实现了有效衔接。

4.1　科技服务项目来源

贯彻《水污染防治行动计划》提出的"保障饮用水水源安全,从水源到水龙头全过程监管饮用水安全;强化饮用水水源环境保护,开展饮用水水源规范化建设,依法清理饮用水水源地保护区内违法建筑和排污口"的要求,以及《关于推进乡镇及以下集中式饮用水水源地生态环境保护工作的指导意见》提出的"坚持新发展理念,坚持以人民为中心,坚持一切从实际出发,保障农村水源地环境安全,加快推进饮用水水源地保护区划定工作"的要求,按照抚顺市政府《抚顺市集中式饮用水水源地保护攻坚战实施方案》(抚政办发〔2019〕9号)的部署,新宾县永陵镇头道碇子水库作为农村饮用水水源,需要划定水源地保护区并制定保护方案。

受永陵镇政府、云南省绿色环境发展基金会(资助)委托,课题组承担了"头道碇子水库农村饮用水水源地保护区划分方案"及"守护水源计划:头道碇子农村集中式饮用水水源地"项目。项目通过永陵镇头道砬子水库农村生活饮用水水源地保护区的划定,进一步明确该水源地的保护目标、保护范围和要求,并通过实施《永陵镇水源保护与涵养能力建设方案》《永陵镇绿色生产、生活发展方案》,切实保障群众饮用水安全,全面落实农村饮用水水源地保护区工作。宗旨是坚持新发展理念,坚持以人民为中心,坚持一切从实际出发,保障农村水源地环境安全,为政府实施水源地管理和污染防治工作提供科学依据,为乡村振兴提供生活饮用水保障。

4.2 水源地保护区划分

头道砬子水库位于新宾县永陵镇头道砬子村。区域地貌类型属于构造-侵蚀中低山区,流域年平均降水量 800 毫米左右,降水量年际变化较大,丰水年和枯水年相差 2 倍以上。降水在年内分配极不均匀,降水量多集中在夏季,6—9 月的降水量约占全年降水量的 72.0%,其中 7、8 月更为集中,占全年 50% 左右。流域内多年平均蒸发量 1050.1 毫米。水库集水面积 18 平方千米,坝址以上河道长 8.65 千米,河道平均比降较小,水文分区为 $Ⅲ_5$ 区,见图 4-1。水

图 4-1 头道砬子水库河流水域及汇水区域图(另见彩插)

库汇水区域经济活动主要是农业种植生产,仅有少量的畜禽养殖,没有工业企业。目前水库的功能已经调整为农村生活饮用水水源,建设有取水口、输水涵管,向永陵供水管理处自来水水厂供水,可以满足永陵镇内和下属的后堡村、后堡鲜村、头道碇子村、红旗村、团结村、前进村、蔬菜村、老城新村、老城鲜村、赫图阿拉村、头道堡村、西堡村12个自然村,约2万人生活饮用水的需求,故可以归类为"单一供水功能的水库"。

4.2.1 保护区划分方法

根据《饮用水水源保护区划分技术规范》(HJ 338—2018)水库型饮用水水源地分级,按照头道碇子水库为小型水库,且属于单一功能的实际情况,见表4-1,采用类比经验法、借鉴类比法,利用ArcGIS技术手段辅助确定保护区范围。

表4-1 头道碇子水库型饮用水水源地分级表

序号	水库总库容/亿立方米	水库级别	头道碇子水库/亿立方米
1	$V<0.1$	小型	总库容$V=0.01797$,属于小型水库
2	$0.1 \leqslant V<1$	中型	
3	$V \geqslant 1$	大型	

4.2.2 水源地保护区划分结果

根据《饮用水水源保护区划分技术规范》(HJ 338—2018),考虑自然环境因素对永陵镇头道碇子水库农村饮用水水源地的综合影响,采用经验法、借鉴类比法并辅助地理信息系统技术手段,按照保护功能要求,将头道碇子水库饮用水水源地保护区划分为一级保护区和二级保护区。

1. 水域保护区

水域一级保护区范围。头道碇子水库2014—2019年平均水位340米对应的高程线以下的全部水域,面积0.063平方千米。

水域二级保护区范围。头道碇子水库2014—2019年平均水位340米对应的高程线以上的,一级保护区边界外的水域面积,设定为二级保护区,面积0.024平方千米。

2. 陆域保护区

陆域一级保护区范围。为便于依据突出地貌进行勘测定界,划定头道碇子水库一级保护区为水域外270米的陆域范围。同时,不超过流域分水岭范围,面积0.416平方千米。

陆域二级保护区范围。陆域一级保护区向上游水平距离2000米及周边山脊线以内的区域,边界不超过流域分水岭,面积3.373平方千米。

4.2.3 水源地保护区定界

依据头道碇子水库水源地保护区划分范围,周边地形、地物的特点,采用现场实地调研和卫星遥感技术相结合的方法,最终确定各级保护区界限,保护区界线拐点坐标见图4-2。

图 4-2 头道碴子水库饮用水水源地保护区划分图(另见彩插)

4.3 水源地保护区规范化建设

4.3.1 制定水源地保护区管理办法

为保证饮用水水源安全,保障人体健康,防止居民生活、农业生产及流动运输车辆对水源地造成污染和破坏,抚顺市生态环境部门应根据《中华人民共和国水污染防治法》,牵头制定《抚顺市新宾县头道碴子水库集中式饮用水水源保护区污染防治管理办法》,报请抚顺市政府审批后实施。

根据《中华人民共和国水法》《中华人民共和国水污染防治法》及《饮用水水源保护区污染

防治管理规定》等要求,在水源地的一、二级保护区设置界标标志牌、交通警示牌和宣传牌。

依据《饮用水水源保护区标志技术要求》(HJ/T 433—2008),设置界碑、交通警示牌和宣传牌等标识,且状态完好;保护区内道路警示标志设置,符合《道路交通标志与标线》(GB 5768—1999)、《内河助航标志》(GB 5863—2022)的要求;在一级保护区的周边人类活动频繁区域设置隔离防护设施。

依据《饮用水水源保护区污染防治管理规定》(1989年实施,2010年修正),头道砬子水库水源地保护区防护应遵守相应规定。

保护区内均必须遵守下列规定:禁止一切破坏水环境生态平衡的活动以及破坏水源林、护岸林、与水源保护相关植被的活动;禁止向水域倾倒工业废渣、城市垃圾、粪便及其他废弃物;运输有毒有害物质、油类、粪便的船舶和车辆一般不准进入保护区,必须进入者应事先申请并经有关部门批准、登记并设置防渗、防溢、防漏设施;禁止使用剧毒和高残留农药,不得滥用化肥,不得使用炸药、毒品捕杀鱼类。

一级保护区内必须遵守下列规定:禁止新建、扩建与供水设施和保护水源无关的建设项目;禁止向水域排放污水,已设置的排污口必须拆除;不得设置与供水需要无关的码头,禁止停靠船舶;禁止堆置和存放工业废渣、城市垃圾、粪便和其他废弃物;禁止设置油库;禁止从事种植、放养畜禽和网箱养殖活动;禁止可能污染水源的旅游活动和其他活动。

二级保护区内必须遵守下列规定:禁止新建、改建、扩建排放污染物的建设项目;现有的排污口依法拆除或者关闭;禁止设立装卸垃圾、粪便、油类和有毒物品的码头。

4.3.2 建立部门分工职责

1. 政府行政主管部门

负责对饮用水水源地污染防治实施统一监督管理;做好饮用水水源污染防治的宣传工作;对取水口每季度进行一次常规监测,每年全分析一次,确保水源地水质达到《地表水环境质量标准》(GB 3838—2002)Ⅱ类标准。

2. 水库管理员

水库管理员负责监管水库保护区内任何对水库水质不利的行为。例如,禁止在水库保护区从事集中畜禽养殖、捕鱼等活动;禁止在水体开展产业化养殖、经营餐饮和娱乐项目;禁止将含有汞、镉、砷、铅、氰化物、黄磷等可溶性剧毒废渣向水体排放、倾倒或者直接埋入地下;严格管控水库保护区内从事采矿、挖沙等活动;制止严重影响水质和水量的其他行为。

3. 永陵供水管理处自来水水厂

协助政府行政主管部门开展饮用水水源地污染防治工作,及时制止或报告污染饮用水水源地的发生时间、地点及行为。

4.3.3 完善水源地水质监测体系

1. 监测点位

常规监测断面:在水库取水口附近设置水源地常规监测断面。

预警监测断面：为应对水质变差或发生突发事件时，应分别在取水口、取水口上游的一级保护区边界、二级保护区河流入界处，设置应急预警监测断面。

应急监测断面：分别在事故发生地、事故发生地下游及上游布设断面。

2. 监测频次

常规监测断面：对饮用水水源地常规监测断面每季度采样监测1次，每年开展1次水质全分析监测。

预警监测断面：当水质变差或发生突发事件时加密监测。

应急监测断面：当发生事故时加密监测。

3. 监测项目

常规监测断面：每季度监测项目是《地表水环境质量标准》(GB 3838—2002)要求的24项基本项目、5项补充项目，共29项。

常规监测断面每年做一次全面分析项目：《地表水环境质量标准》(GB 3838—2002)要求的24项基本项目、5项补充项目，共29项外加80项特定项目，共计109项。

预警监测断面和应急监测断面的分析项目，视具体情况而定。

4.3.4 建设饮用水水源监控信息系统

为保证头道砬子水库饮用水水源地保护区实时监测、掌握饮用水水源地的水质、水量，提高预警预报能力，适应饮用水水源地保护的管理需求，应建立综合水质监控信息系统，全面实施水质监控，建立健全饮用水安全保障体系，为饮用水水源地安全保障提供分层次、可视化的决策方案。需在水库输水工程的出水口处建设自动监测站，实时在线全方位监控水质状况，完善环境安全预警体系。

饮用水水源监控信息系统建设，包括饮用水水源数据库建设、数据采集和传输系统建设及数据监控中心建设。

数据库建设。主要包括水源监测数据，对水库出、进水质监测数据，饮用水安全资料，事故及处理资料，宣传教育资料等，加强智能化、数据化、自动化管理。

数据监控中心建设。每季度统计、汇报，每年总结。

4.3.5 水源地保护区污染源监督

针对头道砬子水库饮用水水源地保护区内存在的农业生产污染、流动污染源及生活污染，制定污染治理措施。

1. 农业生产污染

保护区划定前已有的农业种植，需要严格控制化肥、农药等非点源污染，引导农民科学使用投入品，提倡生态种植。推进秸秆的肥料化、饲料化、原料化、能源化利用，林业剩余物的材料化利用。发展有机农业，鼓励开展绿色食品、有机食品生产，播种绿肥及增施有机肥等措施，提高土壤肥力水平，保持土壤养分循环，降低径流坡度。减少土壤表层的人为扰动，从而降低污染物进入水体。

2. 流动污染源

在饮用水水源地保护区周边人类活动频繁的区域设置隔离防护设施。在饮用水水源地保护区内有道路通过的地方,建设防撞护栏、事故导流槽和应急池等设施。同时,严格限制各种容易泄漏、散装、超载车辆上路,限制运输有毒有害物质的车辆通行。

3. 生活污染

生活污水。可采用小型沼气池处理模式,把污水处理与沼气、有机肥相结合,实现污水资源化利用。

生活垃圾。建立垃圾分类收集系统,以"户清扫、组保洁、村收集、镇处理"的运作模式,解决生活垃圾随意堆放的问题。增设流动垃圾箱。垃圾处理设施应采用防雨、防漏和防臭的封闭式箱体,防止产生新的污染。

4.3.6 健全水源地安全保障及应急机制

为实时、动态监视水库水质状况和污染源变化状况,及时发现污染事件,需提高对水库流域水质水生态的保护、监管及预警应急能力。

组织机构。成立应急组织,制定应急预案。

预警级别。本规划确定预警分4个级别,分别启动预警级别有:一级预警(红色)、二级预警(橙色)、三级预警(蓝色)、四级预警(黄色)。

预警级别适用范围。一级预警(红色)适用于:事故发生在一、二级水源地保护区内。事故性质为:剧毒农药、化学品、鼠药及一般有毒物质和强酸、强碱等物质泄漏及排放事故。事故地点:凡有毒有害物质影响到水源(含水域、陆域)一、二级保护区范围内,均采取一级预警。凡是剧毒物质泄漏、排放数量不管多少,均属于一级预警。二级预警(橙色)适用于:事故发生在一、二级水源保护地以外区域,但有可能威胁水源地保护区水质安全。排放量较大的毒性物质,剧毒物质不限数量。三级预警(蓝色)适用于:事故发生在水源地保护区以外水域,但有可能间接或有可能威胁水源;有毒物质毒性小,量少。四级预警(黄色)适用于:事故发生在保护区以外陆域,有毒物质毒性小,排放量少,有可能间接影响水源。

4.3.7 生态综合治理工程

水源涵养林建设。头道碴子水库上游部分没有经过有效的生态环境治理,多为自然河道,造成现状河道两侧水土流失,给水库下游每年带来泥沙淤积,减少水库有效库容。因此,在水库周边开展水源涵养林建设,能有效地防止水资源的物理、化学和生物的污染,通过涵养林对水中的污染物进行过滤、净化,减少进入水体的泥沙,以达到净化河溪出水水质的作用。

农业污染防治工程。水库上游河道两侧农田耕作大都使用化肥、农药,遇到降雨农田径流携带氮磷等营养物质汇入水库,增加水库的富营养状况和污染物。需要通过农业污染防治工程建设,综合治理农业污染,可有效改善水库入库河流水质,减少入库污染负荷量。

4.4 水源地保护区水源涵养林建设

4.4.1 汇水区森林植被状况

根据第三次国土调查遥感影像解译数据,得到水库汇水区范围内的林地类型分布见图4-3、林地及林龄组见图4-4,再对照水库汇水区范围内林地实地调查结果,得到目前汇水区内的林地类型见表4-2,林地及林龄组情况见表4-3。

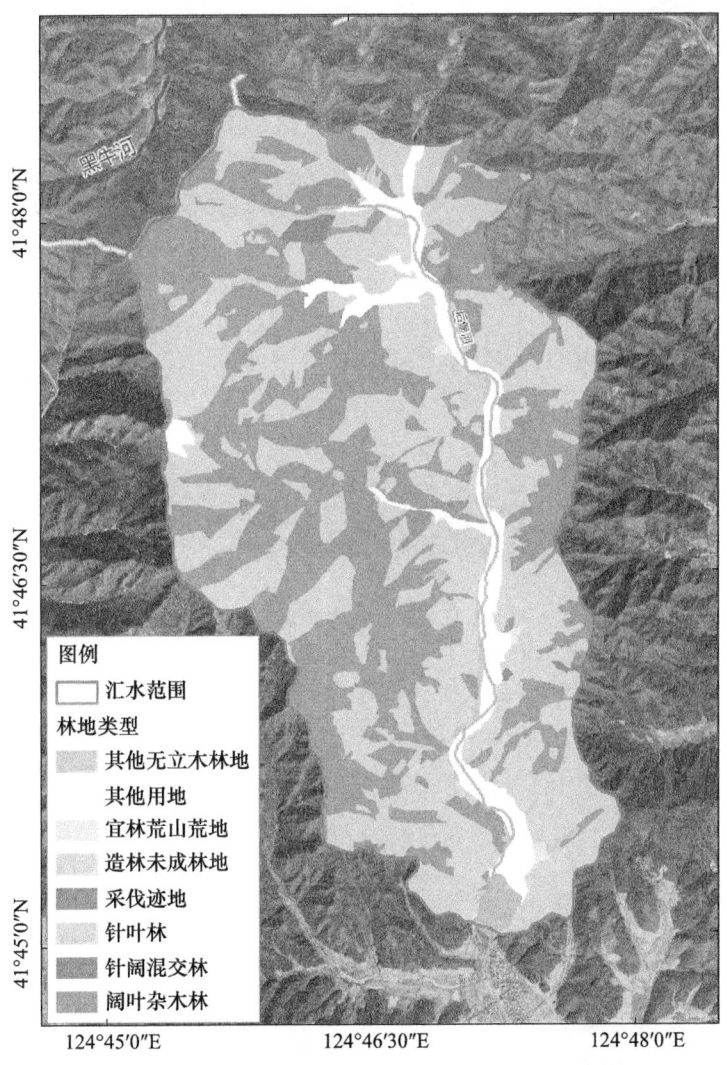

图 4-3　头道碴子水库汇水区范围内林地类型分布图(另见彩插)

图 4-4 头道碇子水库汇水区范围内林地及林龄组图（另见彩插）

林地类型中，针叶林以落叶松或红松林为主，针阔混交林以落叶松、油松、蒙古栎等为主，阔叶杂木林主要是蒙古栎、辽东栎、水曲柳、山杨、色木槭、黄桦等乡土树种。造林未成林地、采伐迹地、其他无立木林地和宜林荒山荒地总面积39.85公顷。

表 4-2 水库汇水区土地与林地类型

林地类型	面积/公顷
针叶林	762.96
针阔混交林	9.88
阔叶杂木林	669.20
造林未成林地	21.46
采伐迹地	1.33
其他无立木林地	13.84

续表

林地类型	面积/公顷
宜林荒山荒地	3.22
合计	1481.89

林地及林龄组情况，中龄林面积最大，有 503.71 公顷；其次为幼龄林，面积 432.79 公顷；成熟林面积 256.22 公顷，近熟林面积 248.79 公顷。

表 4-3　水库汇水区林地及林龄组

林地及林龄组	面积/公顷
幼龄林	432.79
中龄林	503.71
近熟林	248.79
成熟林	256.22
过熟林	0.53

4.4.2　高效益水源涵养林建设

1. 建设基本原则

将现有的林分诱导成高效益水源涵养林，应当以发挥森林最大的水源涵养功能为指导思想，在诱导过程中遵循以下原则。

不影响森林的其他功能、效益的发挥。诱导过程中，不能因为人为的干预而影响森林生态系统其他功能、效益的发挥，保证森林生态系统的正常演替进程。

非负生态效益原则。在诱导过程中及后续林木生长进程中，只产生微弱的负生态效益或不产生负生态效益。

可持续发展原则。诱导的高效益水源涵养林，既能保证森林水源涵养功能的正常发挥，满足当代人的需求，又不危及子孙后代对生态环境的要求和经济发展的需求。

2. 林分诱导对象的确定

实践证明，森林水源涵养功能会因地区、气候、地理条件、流域条件以及植被类型的不同而出现差异，针对项目山区森林植被及地理、气候等特点，对部分林分类型进行人工诱导，可使其逐步改善理水、贮水功能，形成高效益水源涵养林，充分发挥森林的水源涵养功能。结合项目山区的具体情况，根据研究结果，分别对水系源头周围的林分，河道、水库周围边岸的林分，坡度较大的禁伐林分进行诱导。

诱导的林分主要是辽东山区分布较广、范围较大的天然次生林和人工纯林，尤其是针叶人工纯林。

3. 水源涵养林诱导技术

诱导技术实施策略。确保高效益水源涵养林诱导技术的顺利实施。首先，应从各地区的实际出发,进行调查研究,因地制宜,合理规划,统筹配置,在科学分析的基础上,确定适合本地区特点的实施方案;其次,转变观念,克服那些"费工、费力、不赚钱"的思想,要加强领导,统一认识,把水源涵养林建设纳入工程管理;最后,加大工程的财力投入,加大工程的科技含量,保证工程质量,并建立好示范林,促进工作的全面开展。

林分密度调整。林分密度对森林涵养水源的功能有较大影响,合理调整各种林分的密度,就可以控制林下植被的光照面积和营养空间,以保持林分的合理乔木、灌木和草本结构和较高的水源涵养功能。

林分树种组成、林层结构调整。在水源涵养林内,利用主要用材树种进行林冠下更新造林,使原来组成较单一的林分,改变为异龄复层混交林。林冠下的更新,既可以改善林分涵养水源的能力,又可以提高林地生产力和林分质量,同时还可以解决水源涵养林的林木持续利用问题。

森林立体经营。开展森林的立体经营工作,进行林药间作,也可以提高林分的涵养水源能力,使水源涵养林的长期和短期效益并举,生态效益和经济效益并存。

4. 落叶松人工诱导技术

项目山区的人工林中,有部分为落叶松人工纯林,将落叶松人工林诱导成高效益的水源涵养林,在水源林建设中有着重要的意义。

主要诱导技术措施是进行林冠下更新。当更新树种是云杉、冷杉时,应在主伐前15年左右,对落叶松林分进行密度调整,使其郁闭度为0.6以下。第二年春季再行林冠下更新,密度为每公顷4000株左右,苗木规格为苗龄5年,苗高>20厘米,地径>0.55厘米;从更新当年起连续抚育3年,全面割除灌木、杂草,更新7~8年时再全面割除灌木一次。

在对落叶松人工林进行诱导时,应着重掌握更新时间。这是因为落叶松人工林林相整齐,其主伐方式以适度面积皆伐为好,掌握好更新时间能够最有效地促进更新林木的生长,发挥出最大限度的涵养水源的功能。当更新树种为红松时,应在主伐前10年左右,更新前一年疏伐,使郁闭度降到0.5以下;第二年春季再行冠下更新,密度为每公顷4000株左右;苗木规格为苗龄5年,苗高>20厘米,地径>0.5厘米;整地规格为坑径30厘米,坑深为25厘米,连续抚育3年,更新7~8年时再全面割除灌木一次。

另外,结合对更新幼树的抚育,在林间栽植细辛、辽五味等中草药,也可提高林地综合开发利用率,补充林分经营管理的费用。

5. 红松林人工诱导技术

红松是林区主要的珍贵用材树种。项目山区现有红松人工林,绝大部分处于中、幼龄林阶段。红松人工林的林下植被稀疏,有的甚至几乎没有林下植被;由于红松针叶中含有松脂,不易分解,造成红松人工林涵养水源能力较差。提高红松人工林水源涵养功能应在林分的幼龄阶段(20年生左右)开始,可通过疏伐使林分加层。

具体方法是:结合首次抚育间伐,采取留大去小、留优去劣的原则,加大间伐强度。这样,既有利于红松林木的大径材培育,又可促进林下灌木及草本的生长,增加枯枝落叶量及分解速率,加快地力恢复,为今后形成阔叶红松林奠定基础。对于林龄较大(30年生以上)的林分,诱导措施重点放在人工植草、植树上,通过间伐,使伐后郁闭度在0.6左右,进行人工栽植云杉、冷杉大苗(苗龄6年以上),苗木高度≥2厘米,苗径≥0.6厘米。栽植方式为见缝插针,刨坑避免伤害红松根系。在林木之间栽植根系较发达的粗茎鳞毛蕨、淫羊藿等草本植物,既可提高林分的涵养水源功能,又有经济利用价值。由于红松人工林下更新较困难,所以对下层木一般不进行抚育,保持灌木层有一定数量的树木。对于林龄偏大的林分(40年生以上),不宜进行疏伐作业,林分诱导的主要措施是林下栽植草本植物,因为此时即使进行疏伐作业,也很难完成冠下更新。

6. 柞木林诱导技术

一般情况下,柞木林、天然杂木林与针叶人工林相比,其涵养水源的能力相对要强一些。但作为高效益水源涵养林,一方面,要求现实林分具有较强的涵养水源能力,另一方面,要求涵养水源的能力能有较长的持续时间。

柞木林一般分布于山脊,这对森林涵养水源作用的发挥十分重要,而天然杂木林的林分环境一般比较恶劣,质量较差,树种更新较为困难,且周期长,对森林涵养水源功能的持续发展极为不利。

对于林龄30年以上柞木林,应进行大强度间伐,伐除病腐木、弯曲木及大径木,保留中小径木,伐后林分郁闭度在0.4左右为宜。春季进行冠下更新,苗木质量为:苗龄≥5年,苗高>20厘米,地径≥0.5厘米,栽植密度为每公顷4000株左右,栽植方式为见缝插针。连续抚育3年。

冠下更新7年后,进行首次透光抚育。更新15年左右进行上层抚育,采伐严重影响幼树生长的上层林木,同时进行第二次下层透光抚育。此后,应有目的保留少量上层木及下层的幼龄柞树,使之持续发挥涵养水源的功能。

7. 天然杂木林诱导技术

对于天然杂木林,应在平均林龄30年的林分内进行抚育改造,诱导形成异龄复层阔叶红松林。首先,伐除病腐木、干形不良的弯曲木、非目的树种及个别大径木,保留有培育前途的中、小径目的树种林木。保留木的胸径宜为12~16厘米,郁闭度为0.4左右。择伐作业后,翌年春季冠下栽植红松,苗木质量标准为:苗龄≥6年,苗高≥25厘米,地径≥0.6厘米,栽植密度为4000株/公顷左右,栽植方式采取见缝插针的方法,在距保留木基部1米范围以外的一切能够造林的空地上,按1米×15米株行距植苗。

从更新当年起,连续3年、第5年共4次于7月中、下旬进行抚育。冠下更新7年后,再次进行抚育,伐除阔叶幼树。

更新15年后,进行上层抚育,伐除胸径20厘米以上的林木和严重影响红松生长的林木,伐后上层林木郁闭度在0.5~0.6为宜,以利于冠下红松生长。此后应注意调整针阔比,使红松、阔叶树之间的营养面积和营养空间搭配合理,保持其稳定的结构。

8. 林分密度调整

对项目山区水源涵养林的密度调整,应根据各林分类型密度管理确定。最适初始种植密度指数为:长白落叶松、日本落叶松为4000~6000株/公顷;红松为5500~8000株/公顷;柞木林及天然杂木林为7000~8000株/公顷。

4.4.3 水源涵养林资源开发

1. 山地资源开发原则

项目山区山势陡峭,资源丰富,在水源涵养林建设中必须考虑山地资源利用。山地资源开发的过程中,必须贯彻综合开发与有效治理相结合的原则,开发、治理、经营要三位一体。这样,既能充分调动资源开发的积极性,又能保证森林生态系统与经济发展的良性循环,在提高森林的涵养水源功能的同时,发展山区经济。这里应当注意,开发与治理必须统一领导、统一规划、协调发展。

2. 造林地间种药材

在造林地或新植幼林地间种药材,选择土壤肥沃、表土层 20 厘米以上、坡度在 15°以下的林地,在造林后采取整地(坡度在 10°以下)或不整地法间种药材。选择的药材品种可为细辛、龙胆草、桔梗、月见草、平贝母、紫草等,栽植方式可采取直播或移植。

3. 林下间种药材方法

对杂木林或人工林的中龄以上林分,坡度 15°以下的可采取间伐或择伐措施,调整上层林木郁闭度在 0.4~0.6,全部清除下层灌木及藤本植物,将采伐剩余物顺山堆放,采取整地顺山作床,规格为长 1.2~10 米,宽 1 米,步道宽 60~80 厘米。床头与床头之间留横山保护带 1~2 米宽,并做土埂和排水沟;或不整地措施,林下间种药材。对采取整地措施做床林下种药材的,可以在药材种完后,在药材床边人工栽植红松或云杉,株距 2 米,药材可选喜阴药材品种,如细辛、平贝母等,最后形成林木药材复层经营模式。

第 5 章 南票区耕地"进出平衡"方案科技服务

党中央、国务院高度重视耕地保护工作,连续作出了坚决制止耕地"非农化"的决策部署。2020年12月,习近平总书记在中央农村工作会议上强调:要严防死守18亿亩耕地红线,采取"长牙齿"的硬措施,落实最严格的耕地保护制度。2021年12月,习近平总书记在中央农村工作会议上强调:耕地保护要求要非常明确,18亿亩耕地必须实至名归,农田就是农田,而且必须是良田。2022年3月,习近平总书记在全国政协十三届五次会议的农业界、社会福利和社会保障界委员联组会上强调:粮食安全是"国之大者"。民以食为天,悠悠万事,吃饭为大。耕地是粮食生产的命根子,是中华民族永续发展的根基。要采取"长牙齿"的硬措施,全面压实各级地方党委和政府的耕地保护责任,中央要和各地签订耕地保护"军令状",严格考核、终身追责,确保18亿亩耕地实至名归。

为守护18亿亩耕地红线,严格耕地用途管制,落实耕地"进出平衡",贯彻落实《国务院办公厅关于坚决制止耕地"非农化"行为的通知》(国办发明电〔2020〕24号)、《国务院办公厅关于防止耕地"非粮化"稳定粮食生产的意见》(国办发〔2020〕44号)精神,自然资源部、农业农村部、国家林业和草原局发布《关于严格耕地用途管制有关问题的通知》(自然资发〔2021〕166号),进一步加大耕地保护力度,从严落实耕地占补平衡,延伸至农用地内部结构调整及农业设施建设用地落实耕地"进出平衡"。落实"进出平衡"是国家为落实耕地"非粮化"提出的新重点、新要求,是固守18亿亩耕地红线重要工作方向,是实现乡村振兴、农业农村现代化的基本路径。

加强耕地用途管制,严守耕地保护红线和粮食安全底线,确保可以长期稳定利用的耕地不减少,在区域范围内落实耕地"进出平衡"。葫芦岛市自然资源局南票分局按工作安排积极开展南票区2021年度耕地"进出平衡"方案编制工作。

5.1 科技服务项目来源

耕地"进出平衡"是全面实施耕地用地管制、守住18亿亩耕地红线的创新之举,是对南票区城乡建设、国土绿化、农业结构调整、农业设施建设等占用耕地的有效措施。依据国土空间规划阶段性相关要求和最新年度国土变更调查成果,明确界定耕地"进出平衡"实施范围和管控要求,严格管控耕地与其他农用地、农业设施建设用地内部结构调整的耕地"进出平衡"。耕地"转出"的应管控为耕地转为农用地范围,已纳入规划建设用地范围的耕地不能作为耕地"转出"范围,切实防止随意调整耕地布局,落实建设占用耕地占补平衡。

受葫芦岛市自然资源局南票分局委托,课题组承担了编制《葫芦岛市南票区2021年度耕地"进出平衡"方案》(以下简称《耕地"进出平衡"方案》)。宗旨是明确南票区2021年度耕地转为林地、草地、园地等其他农用地及农业设施建设用地的规模、布局和时序,年度内落实"进出平衡"的安排。耕地"转进"范围应充分考虑耕地后备资源和耕地数量与质量,从量质并重、可稳定利用的原则选择实施项目,注重耕地质量建设和产能提升,优化耕地空间布局,确保足额优质补入。确保完成本行政区域内确定的耕地保有量和永久基本农田保护面积目标。同时,强化南票区2021年度耕地"进出平衡"的统筹安排和日常监管工作,为严格落实耕地保护任务提供依据。

5.2 编制期限与范围

《葫芦岛市南票区2021年度耕地"进出平衡"方案》依照省市任务要求完成。耕地"进出平衡",指除国家规定的生态退耕地、自然灾害损毁难以复耕、河湖水面自然扩大造成耕地永久淹没外,耕地转为园地、林地、草地等其他农用地及农业设施用地,通过统筹实施各类土地整治项目,按照数量相同、质量相当的原则,从现有园地、林地、草地等其他农用地、建设用地及未利用地中转换为耕地的管理过程。耕地"进出平衡"包含耕地"转进"和耕地"转出"两个方面。

5.2.1 耕地"转进"实施范围

耕地"转进"应优先利用"三调"成果中通过实地踏勘调查,与周边耕地连片、地块平坦、表层土质良好,且经相关部门认可、土地权利人同意的园地、林地、草地等其他农用地(包含各类即可恢复和工程恢复属性)以及占用一般耕地、协议到期或终止的农业设施用地。建设用地复垦和未利用地开发形成的耕地,根据各地区实际情况,在不违反相关政策的基础上,方可用于耕地"进出平衡"。

严禁纳入耕地"转进"范围的情形包括:地形坡度大于25°的;自然保护地核心保护区、饮用水一级水源地等重要生态保护区内及河道、湖区、水库堤防管理范围内的;易受自然灾害损毁、受污染的;已设立采矿权的;已纳入土地征收成片开发范围内的;已办理农用地转用、土地征收审批手续,但实际未使用的。

5.2.2 耕地"转出"实施范围

严格管控一般耕地转为其他农用地和农业设施建设用地,耕地"转出"应严格控制范围,切实防止耕地布局的随意调整及规避落实耕地占补平衡的行为,优先选择不稳定利用、质量较低、零星分散、不宜集中连片耕作管护的耕地。耕地"转出"包括如下范围。

① 占用一般耕地实施国土绿化的。

② 占用一般耕地在铁路、公路等用地红线外,以及河渠两侧、水库周边种树建设绿化带的。

③ 在一般耕地上建设农田防护林,且预计建成后达到国土调查分类标准变更为林地的。

④ 工商企业等社会资本通过流转获得土地经营权将一般耕地转为林地、园地等其他农用地的。

⑤ 占用一般耕地新增农村道路、畜禽养殖设施、水产养殖设施和破坏耕作层的种植业设

施等农业设施建设用地的。

⑥ 农民自发在承包经营的一般耕地上种树、种果等，达到国土调查分类标准，认定为非耕地的。

⑦ 土地卫片执法、耕地卫片监督、耕地保护督察等发现违法违规占用一般耕地转为其他农用地，需通过落实耕地"进出平衡"完成整改的。

⑧ 其他应认定属于改变耕地地类、需落实耕地"进出平衡"的情形。

严禁纳入耕地"转出"范围的情形包括：划入永久基本农田和永久基本农田储备区的耕地；纳入高标准农田建设范围的耕地；已纳入规划建设用地范围内的一般耕地。

5.2.3 实施程序

按照"先进后出"的总体要求，南票区政府组织相关部门，有序开展耕地"转进"潜力调查、实施耕地"转进"计划、编制耕地"进出平衡"方案、落实耕地"转出"等各环节工作。

1. 开展耕地"转进"潜力调查

南票区自然资源主管部门会同区农业农村、林业和草原主管部门，充分运用"三调"和年度国土变更调查成果，开展耕地"转进"资源调查评价，对可转为耕地的地块位置、面积、坡度、质量、种植状况、土地权利人意愿等开展适宜性、可行性调查评价，全面摸清辖区内可转为耕地的底数。

2. 制定年度耕地"转进"计划

南票区政府组织相关部门充分考虑当地自然地理格局、农业生产条件、农业配套设施情况和农业生产、国土绿化占用耕地客观需要，制定年度耕地"转进"计划，明确耕地"转进"来源、规模范围、空间位置、实施时序等内容。

3. 实施耕地"转进"项目

南票区政府统筹安排各类资金，参照自然资源、农业农村等项目管理要求和程序，有序组织实施耕地"转进"计划。耕地"转进"项目实施完成后，县级人民政府组织相关部门，按照土地利用现状认定标准对"转进"的耕地数量、质量状况开展认定，严格履行项目验收。

4. 编制耕地"进出平衡"方案

根据耕地"转进"计划和项目实施情况，南票区政府统筹地方养殖、种植、国土绿化等用地合理需求，按照"进一出一"的原则，科学核定区域范围内年度耕地"进出平衡"总规模，明确布局、时序安排等，编制年度耕地"进出平衡"总体方案，并报市级自然资源主管部门备案。

5.3 耕地"进出平衡"核算规则与现状分析

依据自然资源部耕地保护监督司《关于征求〈耕地进出平衡核算规则〉意见的函》（自然耕保函〔2022〕86号）、《辽宁省自然资源厅、辽宁省农业农村厅、辽宁省林业和草原局关于严格落实耕地用途管制的实施意见》（辽自然资办发〔2022〕118号）等有关规定，利用年度变更调查结果,对区域内耕地"进出平衡"情况核查,具体核算规则如下。

5.3.1 耕地流出核算规则

以年度国土变更调查成果中耕地转为其他农用地数据为基础,扣除不需要落实耕地"进出平衡"的情形。具体扣除情形及核算方法如下。

1. 生态退耕

运用年度国土变更调查成果中耕地转为其他农用地图斑与"三区三线"划定工作中采用的符合退耕政策的生态退耕(已实施国家退耕还林还草计划且符合退耕情形要求的耕地)数据套合分析。

2. 水库淹没区涉及的耕地

水库淹没区落实耕地"进出平衡"情况单独核算。年度国土变更调查成果中耕地转为其他农用地图斑,与已在综合监管平台备案的水利水电项目用地数据套合分析。

3. "批而未用"耕地

运用年度国土变更调查成果中耕地转为其他农用地图斑,与已在综合监管平台备案的"批而未用"管理数据套合分析。

此外,自然灾害损毁无法恢复、河湖水面自然扩大永久淹没的耕地,以年度国土变更调查成果中耕地转为未利用地为准,不纳入耕地"进出平衡"核算范围。

5.3.2 耕地流入核算规则

以年度变更调查成果中其他农用地转为耕地数据为基础,扣除不能用于落实耕地"进出平衡"的情形。具体扣除情形及核算方法如下。

1. 难以长期稳定利用耕地

运用年度国土变更调查成果中其他农用地转为耕地图斑,与掌握的25°以上陡坡、河道湖区范围、林区牧区范围、沙化荒漠化石漠化范围矢量数据进行套合分析。

2. 位于自然保护地核心保护区内的耕地

运用年度国土变更调查成果中其他农用地转为耕地图斑,与掌握的自然保护地核心保护区范围矢量数据进行套合分析。

3. 位于饮用水水源一级保护区内的耕地

运用年度国土变更调查成果中其他农用地转为耕地图斑,与掌握的饮用水水源一级保护区范围矢量数据进行套合分析。

4. 占补平衡新增补充耕地

已纳入"全国耕地占补平衡动态监管系统"储备库拟用于耕地占补平衡的情形。运用年度国土变更调查成果中其他农用地转为耕地图斑,与"全国耕地占补平衡动态监管系统"管理数据进行套合分析。

5. "批而未用"耕地

运用年度国土变更调查成果中其他农用地转为耕地图斑,与已在综合监管平台备案的"批而未用"管理数据进行套合分析。

5.3.3 耕地利用现状分析

南票区地处辽西山区,位于辽西走廊要隘葫芦岛市东北部。东部距锦州市 40 千米,东北部与锦州凌海市相邻、北部和西北部与朝阳市朝阳县接壤。区域包括九龙街道、赵家屯街道、邱皮沟街道、沙锅屯街道、苇子沟街道、三家子街道 6 个街道,缸窑岭镇、暖池塘镇、高桥镇、金星镇、虹螺岘镇、台集屯镇 6 个镇,沙锅屯乡、黄土坎乡、大兴乡、张相公屯乡 4 个乡和乌金塘水库。全区土地总面积 1000 平方千米,人口约 30 万。

南票区地形属典型的低山丘陵区,四周群山连绵,山间谷峡相随,呈 Y 字形走向。地理概貌为"八山半水半分田"。全区地处暖温带,属大陆性半湿润季风气候,气候特点为四季分明,各具特色。多年平均气温 11.5 ℃,年平均降水量为 360~784 毫米,蒸发量在 1600~2000 毫米。主要河流是女儿河,长约 20 千米,河水顺势南流。自然资源物华天宝,蕴藏着金属、非金属矿产资源近 30 种,其中煤炭、石灰石、陶土、硅石、大理石、白云石储量丰富。

南票区工业不断壮大,总体上保持了速度和效益较快增长、质量与结构稳步改善、地下原煤采掘业和地面冶炼、建材等呈现竞相发展的势头。煤炭市场产销两旺,对地方税收逐年增长做出重要贡献,已成为南票区经济的支柱。农业是主体,也是葫芦岛市的重要农业区。

1. 耕地利用现状

根据南票区 2020 年度国土变更调查成果数据显示,现状耕地总面积为 35017.5782 公顷,其中水田 6.8076 公顷,占耕地总面积的 0.02%;水浇地 1050.9283 公顷,占耕地总面积的 3.00%;旱地 33959.8423 公顷,占耕地总面积的 96.98%,见表 5-1 及图 5-1。

表 5-1 南票区 2020 年度现状耕地情况统计表

行政区	地类名称	地类编码	面积/公顷	比例/%
南票区	水田	0101	6.8076	0.02
	水浇地	0102	1050.9283	3.00
	旱地	0103	33959.8423	96.98
	合计		35017.5782	100

根据南票区 2019 年度耕地质量等别年度更新评价成果,南票区耕地国家利用等别为 9~13 等。

根据南票区 2020 年度国土变更调查成果数据显示,耕地分为 5 个坡度级别,其中 1 级坡度耕地为 14751.2126 公顷,占耕地总面积的 28.98%;2 级坡度耕地为 10502.3276 公顷,占耕地总面积的 37.43%;3 级坡度耕地为 9489.2569 公顷,占耕地总面积的 31.96%;4 级坡度耕地为 274.5254 公顷,占耕地总面积的 1.63%;5 级坡度耕地为 0.2557 公顷,占耕地总面积的 0.004%,见表 5-2。

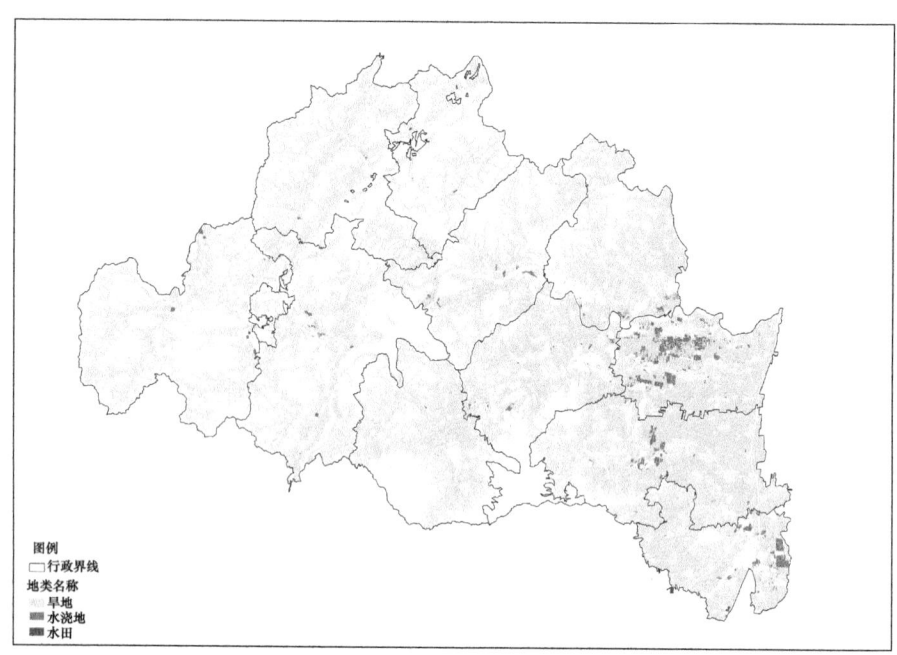

图 5-1　南票区 2020 年度耕地现状分布图(另见彩插)

表 5-2　南票区 2020 年度现状耕地坡度情况统计表

行政区	坡度级别	坡度(s)	面积/公顷	比例/%
南票区	1	$s\leqslant2°$	14751.2126	42.125
	2	$2°<s\leqslant6°$	10502.3276	29.991
	3	$6°<s\leqslant15°$	9489.2569	27.099
	4	$15°<s\leqslant25°$	274.5254	0.784
	5	$s>25°$	0.2557	0.001
合计			35017.5782	100.00

2. 永久基本农田现状

根据南票区三区三线划定数据成果,南票区永久基本农田面积为 29930.2647 公顷,其中水浇地 723.5989 公顷,占永久基本农田总面积的 2.42%;旱地 29206.6659 公顷,占永久基本农田总面积的 97.58%,见表 5-3。

表 5-3　南票区永久基本农田情况统计表

行政区	地类名称	地类编码	面积/公顷	比例/%
南票区	水浇地	0102	723.5989	2.42
	旱地	0103	29206.6658	97.58
合计			29930.2647	100

根据三区三线划定数据成果,南票区永久基本农田坡度分为 4 个级别,其中 1 级坡度耕地为 12155.9776 公顷,占永久基本农田面积的 28.16%;2 级坡度耕地为 9327.3821 公顷,占永

久基本农田面积的 41.29%;3 级坡度耕地为 8257.6605 公顷,占永久基本农田面积的 29.27%;4 级坡度耕地为 189.2445 公顷,占永久基本农田面积的 1.28%,见表 5-4、见图 5-2。

表 5-4 南票区永久基本农田坡度情况统计表

行政区	坡度级别	坡度(s)	面积/公顷	比例/%
南票区	1	$s \leqslant 2°$	12155.9776	28.16
	2	$2° < s \leqslant 6°$	9327.3821	41.29
	3	$6° < s \leqslant 15°$	8257.6605	29.27
	4	$15° < s \leqslant 25°$	189.2445	1.28
	合计		29930.2647	100.00

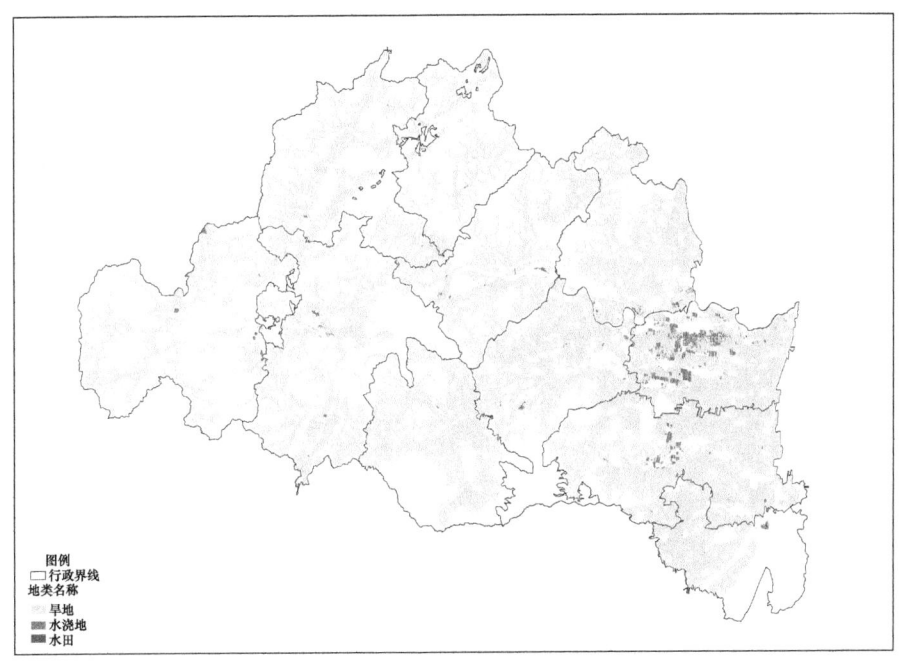

图 5-2 南票区永久基本农田分布图(另见彩插)

5.4 耕地"转出"情况分析

南票区 2021 年度耕地"转出"地块以 2021 年国土变更调查成果数据为基础,依据自然资源部耕地保护监督司《关于征求〈耕地进出平衡核算规则〉意见的函》(自然资耕保函〔2022〕86 号)、《辽宁省自然资源厅、辽宁省农业农村厅、辽宁省林业和草原局关于严格落实耕地用途管制的实施意见》(辽自然资办发〔2022〕118 号)等相关文件要求,最终确定南票区 2021 年度耕地"转出"范围。

南票区 2021 年度耕地流出(即耕地变更为非耕地)面积为 143.1277 公顷,纳入耕地"进出平衡"方案的耕地"转出"面积为 111.6954 公顷,见表 5-5。

表 5-5 南票区 2021 年度耕地"转出"情况统计表

耕地情况		面积/公顷
耕地流出（即耕地变更为非耕地）		143.1277
流出为建设用地、未利用地		12.4835
流出为其他农用地		130.6442
扣除项	"批而未用"	10.6432
	已纳入规划建设用地范围	8.3056
	水淹没区	0
	小计	18.9488
纳入耕地"进出平衡"方案的耕地"转出"		111.6954

5.4.1 耕地"转出"地块基本情况

南票区 2021 年度耕地"转出"地块共计 492 块，总面积为 111.6954 公顷。其中，大兴乡耕地"转出"地块 46 块，总面积为 7.4458 公顷；缸窑岭镇耕地"转出"地块 106 块，总面积为 19.3837 公顷；高桥镇耕地"转出"地块 53 块，总面积为 12.9445 公顷；虹螺岘镇耕地"转出"地块 61 块，总面积为 18.8369 公顷；黄土坎乡耕地"转出"地块 24 块，总面积为 2.3305 公顷；金星镇耕地"转出"地块 50 块，总面积为 24.3137 公顷；九龙街道耕地"转出"地块 25 块，总面积为 2.2610 公顷；暖池塘镇耕地"转出"地块 27 块，总面积为 7.7643 公顷；沙锅屯乡耕地"转出"地块 18 块，总面积为 2.1217 公顷；台集屯镇耕地"转出"地块 39 块，总面积为 4.2301 公顷；张相公屯乡耕地"转出"地块 43 块，总面积为 10.0632 公顷，见表 5-6。

表 5-6 南票区 2021 年度耕地"转出"情况统计表

乡镇名称	地块数量/个	面积/公顷	面积占比/%
大兴乡	46	7.4458	6.67
缸窑岭镇	106	19.3837	17.35
高桥镇	53	12.9445	11.59
虹螺岘镇	61	18.8369	16.86
黄土坎乡	24	2.3305	2.09
金星镇	50	24.3137	21.77
九龙街道	25	2.2610	2.02
暖池塘镇	27	7.7643	6.95
沙锅屯乡	18	2.1217	1.90
台集屯镇	39	4.2301	3.79
张相公屯乡	43	10.0632	9.01
总计	492	111.6954	100

5.4.2 耕地"转出"地块土地利用现状

南票区 2021 年度耕地"转出"总面积为 111.6954 公顷，其中水浇地 3.1473 公顷；旱地

108.5481公顷。耕地国家利用等别为9～13等,见表5-7和表5-8。

表5-7 南票区耕地"转出"土地利用现状统计表

乡镇名称	地类名称	地块数量/个	面积/公顷
大兴乡	旱地	44	7.3688
	水浇地	2	0.0770
	小计	46	7.4458
缸窑岭镇	旱地	106	19.3837
	小计	106	19.3837
高桥镇	旱地	51	12.4504
	水浇地	2	0.4941
	小计	53	12.9445
虹螺岘镇	旱地	61	18.8369
	小计	61	18.8369
黄土坎乡	旱地	23	2.2683
	水浇地	1	0.0622
	小计	24	2.3305
金星镇	旱地	21	22.2323
	水浇地	29	2.0814
	小计	50	24.3137
九龙街道	旱地	25	2.2610
	小计	25	2.2610
暖池塘镇	旱地	24	7.4522
	水浇地	3	0.3121
	小计	27	7.7643
沙锅屯乡	旱地	18	2.1217
	小计	18	2.1217
台集屯镇	旱地	36	4.1096
	水浇地	3	0.1205
	小计	39	4.2301
张相公屯乡	旱地	43	10.0632
	小计	43	10.0632
总计	小计	492	111.6954

表5-8 南票区耕地"转出"国家利用等别统计表

行政区	国家利用等别	面积/公顷
南票区	9	1.2254
	10	0.4932
	11	6.6133

续表

行政区	国家利用等别	面积/公顷
南票区	12	86.5015
	13	16.8620
平均利用等别	12.1	111.6954

5.4.3 耕地"转出"地块用途

南票区 2021 年度耕地"转出"总面积为 111.6954 公顷,耕地"转出"地块用途主要为果园、其他园地、乔木林地、其他林地、坑塘水面、农村道路、设施农用地等,见表 5-9。

表 5-9 南票区耕地"转出"土地利用现状统计表

乡镇名称	地类名称	"转出"耕地用途	地类面积/公顷
大兴乡	旱地	灌木林地	0.4734
		果园	1.3844
		坑塘水面	0.8156
		农村道路	0.0676
		其他林地	3.4023
		乔木林地	0.4977
		设施农用地	0.7278
	小计		7.3688
	水浇地	设施农用地	0.0769
	小计		0.0769
大兴乡总计			7.4458
缸窑岭镇	旱地	灌木林地	0.2820
		果园	9.8120
		农村道路	0.0006
		其他林地	7.4509
		乔木林地	1.5163
		设施农用地	0.3219
	小计		19.3837
缸窑岭镇总计			19.3837
高桥镇	旱地	果园	4.2791
		坑塘水面	0.1806
		农村道路	0.0359
		其他林地	6.6109
		乔木林地	0.7090
		设施农用地	0.6349
	小计		12.4504

续表

乡镇名称	地类名称	"转出"耕地用途	地类面积/公顷
高桥镇	水浇地	果园	0.2588
		设施农用地	0.2353
	小计		0.4941
高桥镇总计			12.9445
虹螺岘镇	旱地	灌木林地	0.1782
		果园	7.2034
		坑塘水面	0.3770
		其他林地	9.1167
		乔木林地	1.2724
		设施农用地	0.6892
	小计		18.8369
虹螺岘镇总计			18.8369
黄土坎乡	旱地	干渠	0.0026
		果园	0.5690
		农村道路	0.0314
		其他林地	0.6117
		乔木林地	0.4665
		设施农用地	0.5871
	小计		2.2683
	水浇地	其他园地	0.0623
	小计		0.0623
黄土坎乡总计			2.3305
金星镇	旱地	果园	0.9011
		坑塘水面	3.8559
		其他林地	14.4454
		乔木林地	2.8212
		设施农用地	0.2087
	小计		22.2323
	水浇地	设施农用地	2.0814
	小计		2.0814
金星镇总计			24.3137
九龙街道	旱地	灌木林地	0.2088
		农村道路	0.7478
		其他林地	0.6891
		乔木林地	0.3649

续表

乡镇名称	地类名称	"转出"耕地用途	地类面积/公顷
九龙街道	旱地	设施农用地	0.2504
	小计		2.2610
九龙街道总计			2.2610
暖池塘镇	旱地	灌木林地	0.7259
		果园	0.7787
		坑塘水面	0.1407
		其他林地	5.5969
		设施农用地	0.2099
	小计		7.4521
	水浇地	设施农用地	0.3122
	小计		0.3122
暖池塘镇总计			7.7643
沙锅屯乡	旱地	灌木林地	0.0004
		农村道路	0.0731
		其他园地	0.1456
		乔木林地	1.4199
		设施农用地	0.4827
	小计		2.1217
沙锅屯乡总计			2.1217
台集屯镇	旱地	果园	1.3567
		坑塘水面	0.3647
		其他林地	1.2112
		乔木林地	0.1364
		设施农用地	1.0406
	小计		4.1096
	水浇地	设施农用地	0.1205
	小计		0.1205
台集屯镇总计			4.2301
张相公屯乡	旱地	果园	7.0865
		坑塘水面	0.4745
		农村道路	0.0001
		其他林地	1.9743
		乔木林地	0.2707
		设施农用地	0.2571
	小计		10.0632
张相公屯乡总计			10.0632
南票区总计			111.6954

5.5 耕地"转进"情况分析

南票区2021年度耕地"转进"地块以2021年国土变更调查成果数据为基础,依据自然资源部耕地保护监督司《关于征求〈耕地进出平衡核算规则〉意见的函》(自然资耕保函〔2022〕86号)、《辽宁省自然资源厅、辽宁省农业农村厅、辽宁省林业和草原局关于严格落实耕地用途管制的实施意见》(辽自然资办发〔2022〕118号)等相关文件要求,最终确定南票区2021年度耕地"转进"范围。

本方案中耕地"转进"范围不涉及地形坡度大于25°的;不涉及自然保护区、自然保护地核心保护区、饮用水一级水源地及河道、湖区、水库堤防管理范围等;不涉及易受自然灾害损毁、受污染区域;不涉及已设立采矿权的区域;不涉及已纳入土地征收成片开发范围;不涉及已办理农用地转用、土地征收审批手续,但实际未使用区域。

南票区2021年耕地流入(即非耕地变更为耕地)面积为123.0102公顷,纳入"进出平衡"方案耕地"转进"面积为114.4516公顷,见表5-10。

表5-10 南票区2021年度耕地"转进"情况统计表

耕地情况		面积/公顷
耕地流入(即非耕地变更为耕地)		123.0102
建设用地、未利用地流入		7.1596
其他农用地、其他草地流入		115.8506
扣除项	"批而未用"	1.3466
	已纳入规划建设用地范围	0.0524
	小计	1.3990
纳入"进出平衡"方案耕地"转进"		114.4516

5.5.1 耕地"转进"地块基本情况

南票区2021年度耕地"转进"地块共计395块,总面积为114.4516公顷。其中,大兴乡耕地"转进"地块47块,总面积为5.6004公顷;缸窑岭镇耕地"转进"地块40块,总面积为4.2048公顷;高桥镇耕地"转进"地块39块,总面积为13.9227公顷;虹螺岘镇耕地"转进"地块27块,总面积为10.1027公顷;黄土坎乡耕地"转进"地块29块,总面积为10.7839公顷;金星镇耕地"转进"地块14块,总面积为4.4484公顷;九龙街道耕地"转进"地块21块,总面积为6.1954公顷;暖池塘镇耕地"转进"地块59块,总面积为29.0608公顷;沙锅屯乡耕地"转进"地块22块,总面积为2.6650公顷;台集屯镇耕地"转进"地块31块,总面积为4.8158公顷;张相公屯乡耕地"转进"地块66块,总面积为22.6517公顷,见表5-11。

表5-11 南票区2021年度耕地"转进"情况统计表

乡镇名称	地块数量/个	面积/公顷	面积占比/%
大兴乡	47	5.6004	4.9
缸窑岭镇	40	4.2048	3.7

续表

乡镇名称	地块数量/个	面积/公顷	面积占比/%
高桥镇	39	13.9227	12.2
虹螺岘镇	27	10.1027	8.8
黄土坎乡	29	10.7839	9.4
金星镇	14	4.4484	3.9
九龙街道	21	6.1954	5.4
暖池塘镇	59	29.0608	25.4
沙锅屯乡	22	2.6650	2.3
台集屯镇	31	4.8158	4.2
张相公屯乡	66	22.6517	19.8
合计	395	114.4516	100

5.5.2 耕地"转进"地块土地利用现状

南票区2021年度耕地"转进"总面积为114.4516公顷,其中果园38.8207公顷;乔木林地16.3121公顷;灌木林地7.3831公顷;其他林地33.0793公顷;其他草地14.7992公顷;农村道路0.3701公顷;坑塘水面2.4292公顷;养殖坑塘0.1309公顷;设施农用地1.1268公顷,见表5-12。

表5-12 南票区耕地"转进"土地利用现状统计表

乡镇名称	变化前地类名称	数量/个	面积/公顷
大兴乡	灌木林地	4	0.3417
	果园	1	0.0770
	农村道路	7	0.2836
	其他草地	21	3.3425
	其他林地	12	1.0418
	乔木林地	2	0.5137
	小计	47	5.6003
缸窑岭镇	灌木林地	5	0.4973
	果园	4	0.4701
	其他草地	2	0.1925
	其他林地	12	1.8724
	乔木林地	17	1.1725
	小计	40	4.2048
高桥镇	果园	1	0.0888
	农村道路	2	0.0143
	其他草地	15	5.1084
	其他林地	7	4.1250
	乔木林地	5	4.0644

续表

乡镇名称	变化前地类名称	数量/个	面积/公顷
高桥镇	设施农用地	8	0.3909
	养殖坑塘	1	0.1309
	小计	39	13.9227
虹螺岘镇	果园	18	8.0811
	其他林地	5	1.1461
	乔木林地	4	0.8755
	小计	27	10.1027
黄土坎乡	灌木林地	7	1.6340
	果园	15	5.8070
	农村道路	1	0.0456
	其他林地	2	2.6597
	乔木林地	3	0.5852
	设施农用地	1	0.0524
	小计	29	10.7839
金星镇	灌木林地	1	0.1516
	果园	1	0.0992
	坑塘水面	1	2.4293
	其他草地	1	0.0381
	其他林地	3	0.7525
	乔木林地	1	0.5502
	设施农用地	6	0.4275
	小计	14	4.4484
九龙街道	灌木林地	10	2.7628
	果园	2	0.3679
	其他草地	1	0.0334
	其他林地	1	1.1357
	乔木林地	7	1.8956
	小计	21	6.1954
暖池塘镇	灌木林地	5	0.9906
	果园	16	7.2164
	农村道路	1	0.0218
	其他草地	9	3.1236
	其他林地	15	13.5584
	乔木林地	13	4.1500
	小计	59	29.0608

续表

乡镇名称	变化前地类名称	数量/个	面积/公顷
沙锅屯乡	灌木林地	3	0.4428
	果园	1	0.4173
	其他草地	1	0.1916
	其他林地	10	0.9350
	乔木林地	7	0.6783
	小计	22	2.6650
台集屯镇	果园	3	0.5568
	农村道路	2	0.0048
	其他草地	11	2.3254
	其他林地	4	0.6923
	乔木林地	10	0.9805
	设施农用地	1	0.2560
	小计	31	4.8158
张相公屯乡	灌木林地	5	0.5623
	果园	37	15.6392
	其他草地	2	0.4437
	其他林地	17	5.1604
	乔木林地	5	0.8462
	小计	66	22.6518
总计		395	114.4516

5.5.3 耕地"转进"地块用途

南票区 2021 年度耕地"转进"总面积为 114.4516 公顷,耕地"转进"地块用途主要为水浇地、旱地,其中水浇地 3.0900 公顷、旱地 111.3616 公顷。耕地国家利用等别为 10~13 等,见表 5-13 和表 5-14。

表 5-13 南票区耕地"转进"土地利用现状统计表

乡镇名称	耕地"转进"地块用途	转入前地类	面积/公顷
大兴乡	旱地	灌木林地	0.3417
		果园	0.0770
		农村道路	0.2836
		其他草地	3.3425
		其他林地	1.0418
		乔木林地	0.5137
	小计		5.6003

续表

乡镇名称	耕地"转进"地块用途	转入前地类	面积/公顷
缸窑岭镇	旱地	灌木林地	0.4973
		果园	0.4701
		其他草地	0.1925
		其他林地	1.8724
		乔木林地	1.1725
	小计		4.2048
高桥镇	旱地	果园	0.0888
		农村道路	0.0143
		其他草地	5.1084
		其他林地	4.1250
		乔木林地	4.0644
		设施农用地	0.0524
		养殖坑塘	0.1309
	小计		13.5842
	水浇地	设施农用地	0.3385
	小计		0.3385
虹螺岘镇	旱地	果园	8.0811
		其他林地	1.1461
		乔木林地	0.8755
	小计		10.1027
黄土坎乡	旱地	灌木林地	1.6340
		果园	5.8070
		农村道路	0.0458
		乔木林地	0.5852
		设施农用地	0.0524
	小计		8.1244
	水浇地	其他林地	2.6597
	小计		2.6597
金星镇	旱地	灌木林地	0.1516
		果园	0.0992
		坑塘水面	2.4292
		其他草地	0.0381
		其他林地	0.7525
		乔木林地	0.5502
		设施农用地	0.4276
	小计		4.4484

续表

乡镇名称	耕地"转进"地块用途	转入前地类	面积/公顷
九龙街道	旱地	灌木林地	2.7628
		果园	0.3679
		其他林地	1.1357
		乔木林地	1.8956
	小计		6.1620
	水浇地	其他草地	0.0334
	小计		0.0334
暖池塘镇	旱地	灌木林地	0.9906
		果园	7.2164
		农村道路	0.0218
		其他草地	3.1236
		其他林地	13.5584
		乔木林地	4.1500
	小计		29.0608
沙锅屯乡	旱地	灌木林地	0.4428
		果园	0.4173
		其他草地	0.1916
		其他林地	0.9350
		乔木林地	0.6783
	小计		2.6650
台集屯镇	旱地	果园	0.5568
		农村道路	0.0048
		其他草地	2.2669
		其他林地	0.6923
		乔木林地	0.9805
		设施农用地	0.2560
	小计		4.7573
	水浇地	其他草地	0.0584
	小计		0.0584
张相公屯乡	旱地	灌木林地	0.5623
		果园	15.6391
		其他草地	0.4437
		其他林地	5.1604
		乔木林地	0.8462
	小计		22.6517
总计			114.4516

表 5-14　南票区耕地"转进"国家利用等别统计表

行政区	国家利用等别	面积/公顷
南票区	11	12.7467
	12	78.3692
	13	23.3357
平均利用等别	12.1	114.4516

5.6　耕地"进出平衡"情况分析

5.6.1　耕地"进出平衡"数量平衡分析

2021年度,南票区耕地"转出"总面积为111.6954公顷,其中水浇地3.1473公顷;旱地108.5481公顷。耕地"转进"总面积为114.4516公顷,其中水浇地3.09公顷、旱地111.3616公顷。

根据对2021年度南票区耕地"转出"及耕地"转进"数量进行核算得知,本年度南票区耕地"转进"总面积大于耕地"转出"总面积,面积相差2.7562公顷,区域内耕地"进出"已达到平衡,见表5-15。

表 5-15　南票区耕地"进出平衡"数量平衡分析表

地类	耕地"转出"面积/公顷	耕地"转进"面积/公顷	"转进"面积－"转出"面积/公顷
水浇地	3.1473	3.09	－0.0573
旱地	108.5481	111.3616	2.8135
合计	111.6954	114.4516	2.7562

5.6.2　耕地"进出平衡"质量平衡分析

根据对2021年度南票区耕地"转出"、耕地"转进"数量及质量等别分析,经过核算得知,本方案耕地"转出"总面积为111.6954公顷,国家利用等别为9～13等,平均国家利用等别为12.1等;耕地"转进"总面积为114.4516公顷,国家利用等别为11～13等,平均国家利用等别为12.1等,耕地"转进"平均国家利用等别等于耕地"转出"平均国家利用等别,见表5-16。

表 5-16　南票区耕地"进出平衡"质量平衡分析表

耕地"转出"情况		耕地"转进"情况	
国家利用等别	面积/公顷	国家利用等别	面积/公顷
9	1.2254	—	—
10	0.4932	—	—
11	6.6133	11	12.7467

续表

耕地"转出"情况		耕地"转进"情况	
国家利用等别	面积/公顷	国家利用等别	面积/公顷
12	86.5015	12	78.3692
13	16.8620	13	23.3357
合计	111.6954	合计	114.4516

5.6.3 耕地"进出平衡"指标平衡分析

2021年度,南票区2021年度耕地"进出平衡"方案的耕地"转出"指标为111.6954公顷,耕地"转进"指标为114.4516公顷。因此,南票区2021年度耕地"进出平衡"总体方案结余指标2.7562公顷,已达到耕地"进出平衡"指标要求,见表5-17。

表5-17 南票区耕地"进出平衡"数量平衡分析表　　　　　　　　　单位:公顷

行政区	耕地"转出"指标	耕地"转进"指标	结余指标
葫芦岛市南票区	111.6954	114.4516	2.7562

5.6.4 耕地"进出平衡"合规性、可行性分析

1. 耕地"进出平衡"合规性分析

2021年度,南票区耕地"转出"面积111.6954公顷,"转出"后的用途主要为果园、其他园地、乔木林地、其他林地、坑塘水面、农村道路、设施农用地等,"转出"地块满足《关于严格耕地用途管制有关问题的通知》(自然资发〔2021〕166号文件)要求,可以纳入耕地"进出平衡"总体方案。

2021年度,南票区耕地"转进"面积114.4516公顷,符合自然资源部、农业农村部、国家林业和草原局发布《关于严格耕地用途管制有关问题的通知》(自然资发〔2021〕166号)文件中对于耕地"转进"的要求,满足与周边耕地连片、地块平坦、表层土质良好,且相关部门认可、土地权利人同意等条件,同时保证在自然保护地核心保护区、自然保护区、一级水源地、25°以上陡坡地、河道湖库区、林区及石漠化等不宜耕种区域之外,因此,可进行耕地"转进"。

2. 耕地"进出平衡"可行性分析

辽宁省自然资源厅耕地保护监督处根据自然资源部、农业农村部、国家林业和草原局发布《关于严格耕地用途管制有关问题的通知》(自然资发〔2021〕166号)(以下简称《通知》)文件要求,为严格落实耕地用地管制制度,结合辽宁省实际情况,提出一系列实施意见。

提高政治站位。耕地用途管制是遏制耕地"非农化"、防止耕地"非粮化"的有力抓手,是严守耕地保护红线、保障国家粮食安全的重要举措。各地要提高政治站位,狠抓严格管控耕地,尤其是优质耕地用途改变,切实把《通知》明确的各项具体管制要求落到实处,耕地保护目标见到实效,确保南票区耕地保护任务落到实处。

规范开展年度耕地"进出平衡"。本次南票区耕地"转出"总面积为111.6954公顷,耕地"转进"总面积为114.4516公顷,耕地"转进"面积能够满足"进出平衡"数量要求。

第6章　得胜村"两山"实践创新基地建设科技服务

生态文明是反映人与自然和谐程度的新型文明形态，体现了人类文明发展理念的重大进步。习近平总书记从中国特色社会主义事业全面发展的战略高度，对生态文明建设提出了新论断、新要求，其中"绿水青山就是金山银山"理念为建设美丽中国、实现中华民族伟大复兴提供了行动指南，推动生态文明建设取得了重大进展和积极成效。

党的十八大以来，以习近平同志为核心的党中央把生态文明建设摆在全局工作的突出位置，全方位、全地域、全过程加强生态环境保护，实现了由重点整治到系统治理、由被动应对到主动作为、由全球环境治理参与者到引领者、由实践探索到科学理论指导的重大转变，美丽中国建设迈出重大步伐。

党的十九大报告指出，"必须树立和践行绿水青山就是金山银山的理念"。党的十九大通过《中国共产党章程（修正案）》把"增强绿水青山就是金山银山的意识"写入党章。

党的二十大报告指出："必须牢固树立和践行绿水青山就是金山银山的理念，站在人与自然和谐共生的高度谋划发展。"2023年12月，《中共中央 国务院关于全面推进美丽中国建设的意见》明确提出："建设美丽中国是全面建设社会主义现代化国家的重要目标，是实现中华民族伟大复兴中国梦的重要内容。"2024年2月，《中共中央 国务院关于学习运用"千村示范、万村整治"工程经验有力有效推进乡村全面振兴的意见》指出："做好2024年及今后一个时期'三农'工作，要以习近平新时代中国特色社会主义思想为指导，全面贯彻落实党的二十大和二十届二中全会精神，深入贯彻落实习近平总书记关于'三农'工作的重要论述，坚持和加强党对'三农'工作的全面领导，锚定建设农业强国目标，以学习运用'千万工程'经验为引领，以确保国家粮食安全、确保不发生规模性返贫为底线，以提升乡村产业发展水平、提升乡村建设水平、提升乡村治理水平为重点，强化科技和改革双轮驱动，强化农民增收举措，打好乡村全面振兴漂亮仗，绘就宜居宜业和美乡村新画卷，以加快农业农村现代化更好推进中国式现代化建设。"对新时代新征程全面推进美丽中国建设作出了系统部署。

生态环境部全面落实党中央、国务院关于生态文明建设总体部署要求，深入学习贯彻习近平生态文明思想，全面践行"绿水青山就是金山银山"理念，积极推进绿色发展，大力推进生态文明建设示范区和"绿水青山就是金山银山"实践创新基地建设工作，支持地方完成相关顶层设计。2023年末，全国已有572个市、县（县级市、区）的生态文明建设取得了丰硕成果，获得国家生态文明建设示范区称号；240个地区探索形成了"守绿换金、添绿增金、点绿成金、绿色资源""绿水青山就是金山银山"转化路径，获得国家"绿水青山就是金山银山"实践创新基地称号，创建地区的生态文明建设成效得到显著提升。盘锦市积极参加生态文明建设示范区和"绿水青山就是金山银山"实践创新基地建设工作，目前已经获得国家生态文明建设示范市称号，并大力推进国家"绿水青山就是金山银山"实践创新基地建设工作，全市的生态文明建设进入了高质量发展的新阶段。

6.1　科技服务项目来源

　　盘锦市盘山县得胜街道得胜村两委会遵照盘山县政府、盘锦市盘山生态环境分局的工作部署,积极启动"绿水青山就是金山银山"实践创新基地(简称"两山"基地)创建工作,根据生态环境部《关于印发〈生态文明建设示范区(市)建设指标〉〈生态文明建设示范区(县)建设指标〉〈生态文明建设示范区管理规程〉〈"绿水青山就是金山银山"实践创新基地建设管理规程〉的通知》(环办生态〔2024〕4号)、辽宁省生态环境厅《关于印发〈辽宁省"绿水青山就是金山银山"实践创新基地建设管理规程〉的通知》(辽环发〔2021〕3号)文件精神,在总结本村探索绿水青山转化为金山银山的有效途径和成效的基础上,编制实施《盘锦市盘山县得胜街道得胜村"绿水青山就是金山银山"实践创新基地建设实施方案(2024—2030年)》,旨在深化得胜村生态文明建设的顶层设计,通过"两山"基地创建工作实践,使"绿水青山"底色更重,提升全村经济社会持续发展的基础物质价值;使"金山银山"成色更足,让高质量发展的生态经济产出更多的生态产品;使共同富裕本色更亮,成为盘山县美丽乡村建设的样板,促进乡村振兴工作落实。

6.2　"两山"基地建设基础

6.2.1　得胜村基本概况

　　得胜村行政管辖得胜、郑家窝棚2个自然屯,土地面积9.87平方千米,属于全县的行政边缘区域。自然环境属于辽河下游退海冲积平原的辽河、绕阳河尾闾河曲地带。这里历史上曾经是辽河、绕阳河流经盘山县段的洪水泛滥区,现已成为绕阳河防洪堤外的农耕区。

　　得胜村聚落呈团状分布,是一个有着300多年历史的传统村落。全村现有人口1846人,分8个村民组。作为以平原区旱地农业种植业为主的村庄,党的十八大以来,得胜村党总支部紧跟时代步伐,带领村民大张旗鼓地进行产业调整,坚持集体经济与农户经济同步发展,农商旅一体化推进。目前,形成了以玉米种植、少量水稻栽培的粮食生产,以寒富苹果、郁金香葡萄、软枣猕猴桃为代表的林果业,以梅花鹿、安格斯牛和小尾寒羊养殖为主,肉蛋禽类辅助的规模化畜牧养殖业;依托历史文化资源,发展"生态农业+文化+民俗"乡村旅游服务业,有农业观光体验为品牌的乡村旅游产业生态观光采摘园2处、党建教育基地和民宿休闲20余家。剩余劳动力自主创业,外出打工、家庭运输、粮谷加工、机械修理、餐饮超市等多业态,形成了"三业并举,齐头并进"的可喜局面。2023年,实现村集体收入15万元,村民人均收入2.5万元。

　　多年来,在盘山县委、县政府和得胜街道党工委、办事处的领导下,得胜村党总支部带领全村的党员、干部、群众齐心合力,努力拼搏,2021年获得"全国民主法治示范村",2017年被辽宁省委、省政府授予"辽宁省先进集体",2016年被农业部授予"中国美丽休闲乡村",2013年被住建部评为"美丽宜居村庄",2013年被辽宁省环保厅、辽宁省教育厅确定为"辽宁省环境教育基地",2012年入选"辽宁省十佳村",2009年被评为"辽宁省环境优美村",实现了天蓝、水清、地绿、村庄美、人和谐的发展目标。

6.2.2 "两山"基地建设进展

盘山县委、县政府深入贯彻习近平生态文明思想和对辽宁振兴发展系列重要指示精神,践行"绿水青山就是金山银山"理念,大力实施乡村振兴战略,以全县建设国家生态文明建设示范区为基础,大力扶持以乡镇(街道)、村域为主体的"两山"实践创新基地建设。

近年来,得胜村在上级党组织的正确指导和大力支持下,在村党总支部带领下,坚持"以人为本,绿色发展,因地制宜,分类培育,优化提高"的原则,推动生态产业化、产业生态化,不断地将生态文明建设向纵深推进,坚持走"绿水青山就是金山银山"生态发展之路,打好"绿色牌",经过多年的苦干、实干加巧干,充分利用较为单一的自然资源条件,积极探索"绿水青山就是金山银山"转化路径,形成了"党建引领党员担当务实,凝心聚力推动发展;深入开展村庄综合整治,提升生态环境底色;创新利用绿水青山价值,推动'两山'转化;完善生态文明体制机制,建设宜居美丽村庄"的绿色发展新模式,促进人与自然和谐发展,取得了经济社会发展水平名列盘山县村域前列的成效,形成了北方平原地区传统旱地农耕生产、自然环境单一的村庄推动"两山"转化可复制、可推广、可持续的典型案例。

1. 党建引领党员担当务实,凝心聚力推动发展

得胜村党总支部下设两个党支部,有党员 68 名,其中辽宁省优秀共产党员 1 名。村党总支部 7 名委员全部有大专以上学历,平均年龄 40 岁,均有 5 年以上工作经历。整个班子年富力强,充满朝气,是一支特别能战斗、敢担当的干部队伍。

2021 年以来,新一届村党总支部按照盘山县委、得胜街道党工委基层党建工作要求,以习近平新时代中国特色社会主义思想为指导,深入学习贯彻党的十九大会议精神,紧密围绕党的中心工作,加强党员政治素质、理想信念提升教育学习,按照盘山县组通〔2022〕15 号文件全面落实党建工作责任制:一是抓好基层党建工作结合全村发展实践,压实党总支部的主导责任,有效发挥党总支部指导引领作用。通过落实主体责任,全方位抓党建;发挥党员先锋模范作用,树立典型,用身边好人事例推动党建工作。二是致力于乡村经济发展,促进乡村振兴战略落地生根。调动全村群众的主观能动性,发挥群众参与村委会工作的积极性,凝聚共识,凝聚合力,共谋发展。

进一步加强党组织政治生活,建立坚实堡垒。完善党总支部学习教育制度。一是村党总支部认真组织开展习近平新时代中国特色社会主义思想主题教育,引导党员干部深入理解党的理论知识,增强"四个意识"、坚定"四个自信",做到"两个维护"。积极引领党员、干部全面领会党的十九大会议精神,明确党的百年奋斗重大成就和历史经验,进一步提高理想信念,坚定对"坚持真理,坚守理想,践行初心,担当使命,不怕牺牲,英勇斗争,对党忠诚,不负人民"伟大建党精神的认知和理解。二是创新基层党建新思路,让党员同志通过"走出去,请进来"接受党的历史知识洗礼,创新党课形式,邀请县、街道领导讲主题党课,老党员结合亲身经历讲党课;通过重读得胜村党史,邀请专家、讲师等宣讲党的光辉历史等形式,面对面地对党员进行思想政治教育,激发党员听党话、跟党走的信心和干劲。三是以"三会一课"为基础,不断创新学习方法和形式,进一步加强党内政治生活,将党员大会从过去单一的传达政策转变为活泼的学习讨论,开展民意收集和重大事件商讨等内容。总支委会开展的互动式党课,根据工作需要开到田间地头、大棚或群众家中或客车上,党组织成为村民信得过、靠得住的带领全村发展的核心力量(图6-1、图6-2)。

图6-1　得胜村党总支部会议

图6-2　得胜村党总支部党员学习会议

进一步加强党建阵地建设,提升党组织凝聚力。按照党建示范带标准,村党总支部完善了党务公开栏、党员活动室等规范化建设,建设了"不忘初心、牢记使命"等党建墙;定期开展党员活动,组织活动主题鲜明、措施有力、成效明显。村党史馆作为红色文化传播阵地,史料丰富,有文物实物300多件,照片200多帧,按"硝烟烈火""探索前行""春潮之歌""砥砺奋进""沧海撷英""乡村振兴""再铸辉煌",展示了得胜村在党领导下走过的发展历程。

党史馆建馆以来,接待来自北京、新疆、河南、河北、山西、内蒙古、吉林、黑龙江等地参观学习人员共计 25 万多人次。中组部、中宣部、住建部、财政部及辽宁省委组织部、宣传部领导多次莅临,党史馆被确定为盘山县党员教育基地、盘锦市党史学习教育基地、盘锦市国防教育基地、青少年教育示范基地(图 6-3、图 6-4)。

图 6-3 得胜村党史馆

图 6-4 得胜村党史馆接待盘锦市农业农村局干部培训班学员

进一步强化服务能力建设,延伸基层组织服务。以党建为引领,网格化管理为基础,延伸服务触角。进一步将资源集聚、服务集中,让群众在家门口享受到服务。一是做实"菜单式服务积分制管理"党建载体,搭建党员服务群众平台。结合本村实际,开展了党员"菜单式"服务,推行积分制管理。精心为村民量身定制扶贫帮困、就业联系、矛盾调解、环境美化、治安管理、种植帮带、业务代办等10多项志愿服务项目菜单,对服务项目菜单进行动态管理,随时更新,并选取了30名65岁以下的党员,承接各项任务清单。二是"三会一课"制度的党建特色。村总支部书记、优秀党员按季度讲党课,定时召开党员大会和支部会,坚持"四议一审两公开",党员参与权、知情权得到提升,党员的政治修养、业务水平都明显获得提升。支部和党员两个作用发挥明显,形成支部引进项目,党员带头实施,群众学有标杆,干有劲头,家家有项目,人人致富的大好形势。三是有效整合网格员和党员责任区功能,充分发挥巡查、走访作用,解决村民生产生活中存在的实际困难,使党员干部真正融入一线,接地气、正风气,办民事、顺民意。2019—2023年,为村民代办事项1500余件,总支委会的决策决定都从实践中产生,通过凝心聚力,极大提高了群众的积极性。

2019—2023年,村党总支部学习贯彻习近平生态文明思想和关于东北振兴系列讲话精神,深入践行"绿水青山就是金山银山"理念,以乡村振兴为契机,围绕"富民强村、特色发展、构建和谐得胜"总体思路,村两委班子挑起担子、找准路子、迈开步子,党员带领、群众参与,全村走上了致富路,并保持良好的发展态势。

2. 深入开展村庄综合整治,提升生态环境底色

开展村庄综合整治是提升生态环境底色、增加绿水青山价值、实施乡村振兴和生态文明建设的重要着力点。学习运用浙江"千万工程"经验,以农村人居环境整治工程为抓手,以建设和美乡村为导向,统筹推进村庄综合整治与基础设施建设,实现生态"含金量"和发展"含绿量"同步提升。

2014年以来,按照盘山县委、县政府和得胜街道党工委、办事处的工作部署,得胜村大力推进美化、绿化、净化、亮化的村庄综合整治工程,提出了"一绿",即全村房屋提质改造、村庄绿化率100%;"二通",即道路通畅,全面实现黑色硬化、道路边沟与氧化塘沟沟相通;"三改",即改厨、改厕、改圈;"四治",即治污染、治垃圾、治治安、治愚昧;"五入户",即党的政策入户、先进文化入户、致富信息入户、学习实用技术入户、文明习惯入户的目标任务(图6-5)。

农户房屋提质改造工程。2015年,村集体对全村农户房屋进行房屋提质改造,房屋顶平改坡475户,占全村农户的93%。工程的突出特色是村民房屋在"北京平顶"上加装人字架后,上面覆盖着琉璃瓦,在阳光下闪着光辉。整体设计是沿着村庄南北主干路,两侧是整齐的房舍,西侧房屋的屋顶统一为红色,东侧房屋的屋顶统一为靛蓝色。房屋琉璃瓦罩顶,具有抗震性和美观功能。村容村貌展现出宜居新农村建设整体上的和谐美丽景观风貌。完成的平改坡工程瓦房很实用,百姓住得舒心惬意,村民们编的打油诗是给予工程的高度评价,也充分体现出了幸福感(图6-6)。

琉璃瓦,披上梁,青红二色路两旁;
冬天暖,夏天凉,胜过城里住楼房。

村庄道路改建工程。严格按照生态示范村建设的标准,对村内 2 条主路、27 条支路全部进行硬化,沥青铺装路面 20.048 千米,实现黑色路面 100%。路边沟硬化(含石砌)40000 米,硬化率 100%;户户铺设甬路,铺设路肩 6 万平方米;家家有进户桥,修建入户桥 900 座;清理主街、主路边沟,植树 3 万余株,绿化率 100%。栽植鲜花 40000 株,打造了两条鲜花街;安装路灯 450 盏,道路全部亮化(图 6-7)。

图 6-5　得胜村和谐美丽景观风貌

图 6-6　得胜村风貌

(a)

(b)

图 6-7　得胜村综合整治后道路景观

生活垃圾收集处理工程。按照每 3 户 1 个标准垃圾箱,全村共配备 180 个垃圾箱,实施垃圾收集处理。村民生活垃圾统一收集到垃圾箱内,再由保洁人员进行分类,并做到了日产日清。村内垃圾经过分类后,可降解垃圾由保洁员集中清运到垃圾填埋池填埋。不可降解垃圾送到村垃圾中转站,由京环公司统一收集处理。做到了垃圾分类、定点存放,有效地杜绝了垃圾乱扔乱倒现象(图 6-8)。

生活污水收集处理工程。全村建设一座连接 379 户的农村小型生活污水收集处理设施,农户生活污水经管道排入处理站。建设氧化塘两处,面积 4900 平方米,塘内栽植芦苇、水葫芦等水生植物,处理后的生活污水,经氧化塘净化后排出再利用。村内建设排水沟,并与氧化塘相通,使地表污水也得到处理(图 6-9)。

图 6-8　得胜村生活垃圾转运站

(a)

(b)

图 6-9　得胜村生活污水收集处理设施与氧化塘

农户改厨改厕改圈工程。解决与农民生产生活息息相关的厕所、污水、垃圾等关键小事,可以有效提升乡村美丽"颜值"。按照改厨、改厕、改圈的要求,全村农户厨房全部达到了卫生标准,实现了自来水、天然气入户率100%。拆除户外厕所393个,建成无害化入室水冲厕所393个,全村厕所入户率达到了91%,改造家庭畜禽圈舍38个,有效地杜绝了畜禽粪水外流现象。

2020年,村庄基本实现了"天蓝、地绿、水清、气新"的综合整治建设目标,建设美丽庭院90%以上。村庄生态环境底色得到显著提升,群众居住条件质量持续改善。

3. 创新利用绿水青山价值,推动"两山"转化

习近平总书记在中共中央召开的党外人士座谈会上强调:广大人民群众共享改革发展成果,是社会主义的本质要求,是我们党坚持全心全意为人民服务根本宗旨的重要体现,我们追求的发展是造福人民的发展,我们追求的富裕是全体人民共同富裕。实施乡村振兴战略,农业、农村、农民问题是关系国计民生的根本性问题,必须始终把解决好"三农"问题作为全党工作重中之重。得胜村党总支部敢于担当,引领聚力,以"党建旅游双联工程"为载体,立足自身水果种植、特种养殖、历史文化等特色资源,实施"村党总支部—党员能手—普通群众"纵向服务联动,"产业示范区—专业合作社—旅游企业—农家乐"横向发展联动,推动优势产业发展,提升了村庄品质,促进了农民增收。如今的得胜村天蓝地绿,宜居宜业,和谐幸福。

得胜村地处辽河下游沿海地区,属于北方平原区,村域地表低洼平坦而广阔,缺少山丘、河湖、天然林地和草地,旱涝灾害较多,自然环境一致性强、差异性小,导致自然景观显著同质化。这种自然环境对农业生产结构多样化发展,具有较强的制约性。如何在提升绿水青山价值的同时破解自然资源禀赋弱势,村党总支部充分发挥党组织的核心领导作用,通过借鉴先进经验,党员干部带头,建立了以保障粮食生产为基础的综合型多元化的生态农业,推动产业结构向绿色化、低碳化、业态融合、产业链和价值链延伸,拓展绿水青山价值利用,推动"两山"转化的路径和模式。

得胜村依托现有的土地、气候等自然资源,坚持以保护生态环境资源为前提,以保障区域生态安全格局为核心,以现代农业科技为支撑,因地制宜地促进生态优势转化为产业优势,探索拓展旱地农业传统生产模式调整:①引进种植辽宁寒富苹果、优质郁金香葡萄和软枣猕猴桃等特色果品,建设了"千亩果园""百亩水果大棚"的林果产业。②引进发展梅花鹿、安格斯牛和小尾寒羊等畜牧优势品种,形成了"百头鹿苑""五畜兴旺"的家庭畜牧养殖业。③结合历史文化资源,不断延展"生态农业+文化+旅游",发展了农旅融合的乡村休闲旅游业。

同时,积极开展自主创业,一些村民走出家门,开辟第三产业通道,如在浩业化工企业打工就业人员超过100名,从事家庭运输、粮谷加工,或从事餐饮、小商业等多人,共吸纳就业330人,占全村现有劳动力920人的35.9%。得胜村以多样性的产业结构、生态化的生产模式,摆脱自然资源的约束,促进全村经济的发展,不断地提高村民的经济收入。

2023年,得胜村在种植业生产收入约1332万元的基础上,实现村集体经济收入15万元。据不完全统计,村民林果业经济收入1695万元,畜牧养殖业经济收入860万元,生态旅游业经济收入1155万元,合计约3725万元,显著地增加了村民的经济收入和发展的获得感、幸福感。

过去,得胜村老一辈人说:"有得胜碑的庇佑,得胜村才风调雨顺,年景一年比一年好。"如今的得胜人则自豪地说:"是党的领导让得胜村建立了生态产业化、产业生态化的产业结构,才使得胜村百尺竿头更进一步,农业农村现代化的步伐不断加快。"在得胜村,提起富起来的诀窍,村民众口一词地说:"三业并举,齐头并进,各施所长,造福于民。"这"三业"说的是抓住了"自主创新"这个牛鼻子,在设施种植业、家庭养殖业、乡村旅游业上共同发力。

4. 完善生态文明体制机制,建设宜居美丽村庄

得胜村贯彻落实国家、省、市和盘山县关于村级组织工作范围、职责和任务等文件要求,开展"村民自治、法治村务"实践,村两委立足实际,抓好制度建设,成立村领导小组,明确人员和工作职责,形成了民事民议、民事民办、民事民管的"村民自治"新格局,通过制度建设不断提高基层治理水平,推动"两山"基地建设。

创建"两山"基地。按照县委、县政府的要求,全面深入贯彻习近平生态文明思想,得胜村成立"两山"基地建设领导小组,实施《得胜村"两山"基地建设实施方案(2024—2030年)》,践行"绿水青山就是金山银山"理念。通过落实实施方案的目标任务,深入探索"两山"转化路径,建设美丽得胜村。

村民会议制度。得胜村民会议制度规定六项基本职权,包括讨论决定本村发展规划和年度计划;听取并审议村民委员会年度工作报告和财务收支情况报告;监督、评议村民委员会成员工作情况;讨论决定涉及全村权益的其他事项等。职权表明:得胜村的发展和管理是由民主协议决定的,群策群力是最重要的基础。制度的建立为村庄发展打下了坚实的法制化、规范化、长效化基础。

协商议事机构制度。得胜村协商议事机构制度明确了"协商议事委员会在村党总支的领导下开展工作,在村建设中发挥议事、监督、协商的作用。会议讨论、审议、协商管理村建设中的重要事项,并提出批评、建议和意见"等条款,建立了党总支部的领导是核心,党群共商村庄发展的管理机制。

"四议两公开"制度。得胜村"四议两公开"制度要求,凡是村内重大事务和与村民群众切身利益相关的事项,都要在村党支总部的领导下组织实施,充分发挥村党组织的领导核心作用,按照"四议两公开"制度决策、实施,规范了村庄发展管理工作机制和程序。

生态文明乡风建设。得胜村两委班子指导部署,制定了《得胜村村规民约》,成为村约束自己、评议他人"践行社会主义核心价值观,勤俭节约、文明生活,自觉遵守社会公德规范,抵制社会不良风气"的规范标准,对提高村民素质发挥了监督、管理、促进作用。

通过《得胜村村规民约》推动村民自治工作有效开展。村两委班子坚持党务、政务公开,坚持以人为本,各项工作都有很强透明度,村党总支部、村委会成了群众信得过、可依赖的主心骨,党的号召,政府指令一呼百应,有序推进,社会秩序稳定,人民生活安居乐业,成为有名的"五无村"(无赌、无毒、无犯罪、无违规、无上访)。2021年被评为国家级民主法治示范村。

村两委班子指导成立了村红白理事会、群众议事会,杜绝了大操大办,形成了"喜事新办,丧事简办,杂事不办"的良好风气。扎实开展"文明家庭户"创评活动,通过提高广大党员干部、村民农户参加创评的自觉性,做到评比形式多样化,达到自报组评、村审核审批。真正做到评比讲风格,评比促提高,评比上水平,促进文明家庭评比活动高质量开展。村志愿服务爱心团队助人为乐、捐款捐物和扶危救困活动赢得了村人的尊敬;好婆婆、好儿媳、好妯娌等身边好人使中华传统优秀文化深入人心。

建立老人日间照料中心。村老人日间照料中心占地 300 平方米,设有书法室、娱乐室、图书阅览室、老年健身室、器乐室、休息室、餐厅等多个功能区。目前,经常参加老人日间照料中心活动的空巢老人 2 人,其他老人 4 人左右(图 6-10)。

图 6-10　得胜村老人日间照料中心

村老人日间照料中心书法室有书法台、笔墨纸砚,供爱好书法的老年人或外来爱好者使用。娱乐室设有两张麻将桌,还有象棋、军旗、扑克牌等。图书阅览室有各类图书近 3000 册,老年人可自选阅读。健身室有两台跑步机、两台按摩椅,还有拉力器、杠铃、跳绳等器械。器乐室有钢琴、爵士鼓、二胡、葫芦丝、竖琴、电子琴等。休息室有床位 4 张。培训室有 30 个座位,设有 LED 大屏。餐厅装有燃气灶、冰柜等,可以随时使用。

老人日间照料中心设专职管理员一人,负责日常活动接待和照料,负责为老年人进行维权知识培训。每年组织两次老年人扑克牌比赛,逢年过节开展老年人文娱活动,如扭秧歌、广场舞、文娱演出等。重阳节组织一次老年人聚餐,平时学雷锋团队为老年人免费理发,为居家老年人剪指甲、浆洗被褥等。

建设村文化广场。得胜村文化广场位于村委会院内,面积 2000 平方米、1500 平方米各一处,乡村大舞台 120 平方米;广场内体育设施齐全,有 LED 大型显示屏,是村民健身、娱乐、休闲的场所,经常开展各种文体活动(图 6-11)。

村文化广场周边有党建墙,宣传党建、廉政文化,LED 大型显示屏经常播放党的方针政策、新农村建设专题片、红色影视片等。乡村大舞台也是村举办采摘节、春节等重大节日大型文艺会演的场所。小广场有篮球场地,举办篮球赛,健身器材齐全;每天 30 多人的广场舞、秧

图 6-11　得胜村文化广场-大舞台-党建墙

歌队吸引村民开展业余文化活动；凉亭、甬路方便群众休闲聊天。得胜村村歌《放飞梦想》唱道：

> 让歌声在这里唱响，让梦想从这里启航，
> 为了富裕甩开臂膀，为了兴旺奋发图强；
> 让汗水在这里流淌，让智慧在这里闪光，
> 为了责任一如既往，为了开拓斗志昂扬……

歌声充分展现了得胜人向"农民富、产业兴、农村美"目标的不懈追求，展示了得胜村翻天覆地的变化，彰显了新时代村民的获得感、自豪感和幸福感，更是得胜村党总支部始终秉承的"说一千道一万，不如甩开膀子干"的精神，带领全村党员、群众同心协力创造乡村发展新图景的写照。

6.3　"两山"实践探索存在主要问题

6.3.1　摆脱环境资源条件约束，需要全面创新驱动

从得胜村自然条件、生产习俗考虑，从得胜村"两山"转化实践探索的路径（①"千亩果园""百亩水果大棚"的特色林果业；②"百头鹿苑""五畜兴旺"的家庭畜牧养殖业；③"生态农业＋文化＋旅游"农旅融合发展的乡村休闲旅游业）的发展现状分析表明，得胜村依然存在产业发展相对不优，结构多样性不够，产业层次偏低，产业链较短，产业集群优势不明显，新兴业态发展缺失的问题，没有形成高质量发展态势。

因此，得胜村创建"两山"基地过程中实现增加环境资源优势，实现环境资产价值优势转化，需要总结经验，持续探索摆脱约束、拓展转化的路径，因地制宜地优化整合环境资源，扩大

生产规模，以规模促提升；需要创新驱动，以新的路径模式，推动产业多样性、结构多元化，加强产业链开发建设，以附加值促增收；需要进一步健全以产业生态化和生态产业化为主体的生态经济体系，通过"一村一策"提升竞争力，保障持续发展。

6.3.2 产业发展资金制约转化，需要多方广泛筹集

以生产资料和货币等物质形态存在的资本，是市场经济中生产经营不可缺少的因素或者条件，即"生产要素"。资本与其他生产要素相比，还具有将各种生产要素组合起来，开展生产经营活动的特殊功能。目前，在村集体的经济收入和积累，尚不能完全满足发展需求的情况下，解决发展资金是突出问题，也是关键问题。

得胜村可以考虑从摸清家底，以资源资本化交易方式为突破，在资源直接利用、间接利用、使用权交易、生态服务交易、产业活动中探索有效的资源资本化方式。同时，根据资金状况、生产经营状况以及未来经营发展的需要，通过科学预测和决策，以项目申请国家发展专项支持资金、地方政府扶持专项资金、银行政策性贷款等。也可以一定的方式向社会招募企业、个人投资者等多元化筹集资金。

6.3.3 提高"两山"转化成效，需要完善长效机制

"绿水青山就是金山银山"理念已成为实现经济社会可持续发展的共识，村域生态文明建设是美丽乡村的内核。建立系统完善的"两山"转化长效机制体制，是对村级两委班子推动生态文明建设的大考，也是村两委班子智慧的凝结，需要从"顶层设计"生态文明建设方案，完善"两山"转化长效体制机制建设。

因此，要统筹村域生态资源保护和经济社会发展，把绿色发展理念贯穿到生态环境保护、生产建设发展、基础设施完善、人民生活提升等各个方面，要从生态环境资源、产业生产和管理制度等系统性考虑，建立完善的村庄管理、产业发展等制度，推进生态文明建设，达成全体村民的共识，达到生态文明建设成果共建共享。

6.4 "两山"转化典型案例

得胜村探索了北方平原地区传统旱地农耕生产结构调整优化，多元化多业态绿色发展的"两山"转化的有效路径，形成可推广、可复制、可持续的典型案例，为盘山县农村建设发展起到了示范引领作用。

据不完全统计：2023年，实现村集体经济收入15万元，村户经济收入约5075万元；2022年，实现村集体经济收入9万元，村户经济收入约4552万元；2021年，实现村集体经济收入8万元，村户经济收入约4232万元。比较可得，2023年，村集体经济收入比2022年、2021年分别增加了66.7%、75.0%；村户经济收入分别提高约11.5%、19.9%，壮大了村集体经济。

得胜村具有"三业并举、齐头并进、各有所长、造福于民"的农业强、农村美、农民富的主要特点。村民说：

党员干部把头带,设施项目落地快;
　　产业兴来规模现,人人致富乐开怀;
　　现代农业强又稳,亮丽名片耀盘锦。

得胜村探索的北方平原地区传统农耕村庄旱地环境资源产业调整,多元化多业态绿色发展的有效路径,形成了可推广、可复制、可持续的典型案例。

6.4.1 "千亩果园""百亩水果大棚"的特色林果业

1. 典型做法

2008年春季开始,得胜村以村集体投资引导、党员主导的形式,引进辽宁寒富苹果种植400亩。2023年,陆续扩大有52家农户参与,规模达到1500亩,吸纳了约120人就业,取得了"家家有果树,户户有增收"的经济成效。

2014年冬季,再次以村集体引领、党员主导的形式,引进吉林郁金香葡萄大棚栽培30栋;2018年,又引进软枣猕猴桃试验田40亩。目前,陆续扩大到有26家农户参与,规模达到100亩,吸纳了62人就业,基本建成"千亩果园""百亩水果大棚"的特色林果业。

2013年苹果成熟季节,村里将特色林果业与乡村休闲旅游业相融合,成功举办了"得胜村首届苹果采摘节",县城及附近乡镇的人们蜂拥而至,叫响了得胜村乡村休闲旅游的名气,推动了得胜村产业多元化融合发展,村民收入越来越高。其后,每年举办一届的"得胜村苹果采摘节"上,增加了软枣猕猴桃、大仁榛子、大红袍李子等果品采摘,基地规模不断扩大,得胜村成了名副其实的乡村休闲旅游地,"采摘节"成了盘山县、盘锦市旅游产业助力乡村振兴发展的响亮品牌。

2. 建设成效

全村从2008年开始,引进辽宁寒富苹果种植400亩,2023年增加到1500亩,实现年均收入超过1575万元。2014年,引进郁金香葡萄大棚栽培30栋;2018年,引进软枣猕猴桃试验田40亩,实现年均收入120万元。2021年,得胜村成功注册了绿色食品品牌农产品"得胜苹果"。

2023年,全村"千亩果园""百亩水果大棚"特色林果业总收入1695万元,吸纳就业人口182人,实现了"家家有果树,户户有增收"的目标。2022年,全村特色林果业总收入1400万元,吸纳就业人口168人;2021年,全村特色林果业总收入1400万元,吸纳就业人口160人。

村委会组织的"得胜村十一苹果采摘节",现已成功举办11届。活动丰富多彩,有周边的20余支乡村文艺演出队前来助兴演出,人们的参与热情非常高,拉动了旅游业的发展(图6-12、图6-13)。2023年采摘节,一直持续到10月底,得胜村接待采摘游玩的游客超过2000人。同时,搭建了优质的地瓜、花生等土特农产品销售市场,期间全村农产品销售收入达200万元以上。村民说:

　　寒富苹果响四方,还有葡萄郁金香;
　　软枣猕猴桃如糖,大仁榛子美名扬;
　　融合乡村采摘节,家家有了小银行。

(a)

(b)

(c)

图 6-12　得胜村十一苹果采摘节

图 6-13 得胜村十一采摘节苹果-猕猴桃-葡萄园

6.4.2 "百头鹿苑""五畜兴旺"的家庭畜牧养殖业

1. 典型做法

随着人们生活水平提高和健康观念的转变,鹿产品等保健养生产品的需求量迅速扩大。梅花鹿全身是宝,鹿茸有较高药用价值和滋补功能,是中药之王,补品中的上品。鹿皮是制作高档皮革服装的原料,鹿筋、鹿心、鹿肉都是豪华席上的高档名肴。梅花鹿性情温顺,行动谨慎,反应灵敏,喜跳跃和奔跑,警觉性虽高,但从小喂养,易与人建立感情,常尾随人活动,较易驯化,自古以来就受到人们的青睐,成为艺术家、诗人笔下颂扬的动物。鹿是食草反刍动物,凡牛羊草料,鹿均可食,植物的茎、叶、花蕾、果实、树叶、树嫩芽及苔藓等都是它的食物。由于食物广泛,饲料容易筹集,因此饲养成本较低。一般情况下,母鹿性成熟早,生后第二年即有生育能力,饲养条件好的15～18个月性成熟;公鹿一般2岁可产鹿茸,经济效益较大。梅花鹿养殖的市场前景十分可观。

得胜村属北方平原旱田农业地区,地形平缓,气候适宜,不受山水、风向等自然条件制约,生态环境适宜梅花鹿养殖。村传统种植作物玉米产生的秸秆量大,农业污染少,可以满足梅花鹿饲料要求,同时也是牛、羊养殖的优良饲料。

村两委经过研究,组织人员多次到省内外的梅花鹿、安格斯牛、架子黄牛、小尾寒羊养殖场学习取经,并聘请农业专业技术人员来村里讲解养殖技术。通过借鉴经验,结合村里实际情况,村党总支书记和党员带头开展了梅花鹿、安格斯牛、架子黄牛、小尾寒羊养殖的探索实践,成功后村民陆续加入。同时,随着畜牧饲养技术的普及,加之县、街道政府政策支持力度逐年加大,村民致富愿望强烈,开展饲养积极性很高。

2. 建设成效

2012年,由得胜村党总支书记为代表,以党员干部带领,村民自愿参加的方式发展家庭畜牧养殖业。2023年底,全村有双润鹿业等养殖户6家,规模达到1500余头;安格斯牛、架子黄牛养殖户40家,养殖多品种牛共1200头;小尾寒羊养殖户6家,共养殖羊700只;鸡、鸭、鹅养殖户3家,年养殖家禽数万只。全体养殖户经过科技培训,自我开展防疫工作,不断总结经验,都成了致富带头人。

2021年,全村畜牧养殖业收入达到700万元,吸纳村里就业人口110人;2022年,全村畜牧养殖业收入达到800万元,吸纳村里就业人口130人;2023年,全村"百头鹿苑""五畜兴旺"的畜牧养殖业收入达到860万元,吸纳村里就业人口150人(图6-14)。村民说:

架子黄牛梅花鹿,小尾寒羊进农户;

鸡鸭鹅多见效快,稻田蟹等线上卖;

种植养殖循环链,养啥养好都发财。

(a)

(b)

(c)

(d)

图 6-14 （a）(b)为得胜村梅花鹿养殖场，(c)(d)为安格斯牛养殖场，(e)(f)为小尾寒羊养殖场

6.4.3 "生态田园+文化+旅游"的乡村休闲旅游业

1. 典型做法

纵观全国文旅市场，乡村休闲旅游如一股新潮流，受到越来越多游客的青睐。乡村旅游市场繁荣得益于转型升级，也蕴含着农业增效、农民增收的内在动能。有的地方充分利用自然资源和人文资源，发挥特色，打造了多样化、特色化、高品质乡村旅游产品和线路；有的地方着眼游客体验，在"吃、住、行、游、购、娱"等要素上下功夫，有力带动当地餐饮、住宿等相关产业发展。近年来，乡村休闲旅游发展可谓数量与质量并重，从"小生意"到"大产业"，口碑口袋双赢。从乡村特色产业相继涌现，新型服务业稳步增长，到农村创新创业明显提升，北方美丽乡村休闲旅游已成为城乡居民休闲的好去处，也是城乡协调发展的重要抓手和促进农民增收的重要渠道。

得胜村林果地广袤富足、历史文化底蕴深厚，具有优秀党建文化基础，是"辽宁省文化优美村""辽宁省十佳村""辽宁省环境教育基地"。

全村结合环境综合整治、生态文明村建设、"最美乡村"等活动成果，依托得胜村党史馆、东晟园艺基地、马莲湖绿色庄园、得胜碑、明长城遗址、得胜皮影等历史文化资源，与村里的特色林果业、家庭畜牧养殖业相结合，丰富了乡村休闲旅游的内涵。

得胜村乡村休闲旅游有特色林果采摘，四季景观的春观花、夏纳凉、秋采摘、冬民俗；家家门前长流水，户户庭院飘繁花；美食美景看不够，乡间田园忆乡愁等体验活动，全面打造了服务设施较为完善、生态环境景观优美、优质农产品品尝、历史文化特色浓郁的乡村休闲旅游景区，带动农户开发了农家乐、梅花鹿观赏园、垂钓园和采摘园等民宿休闲旅游项目，顺应了城乡居民消费拓展升级的趋势，既吸引了大量的游客来休闲观光，又实现了农产品就地升值、村民就地致富，发展了"生态田园+文化+旅游"的乡村休闲旅游业。

2. 建设成效

近年来，得胜村以苹果采摘节、家庭畜牧养殖场、村党史馆红色教育基地及休闲度假民宿为主打品牌的全域旅游业,作为推动农业产业结构深入调整、促进农民增收的重要途径。全村苹果采摘面积已达千亩以上,每年开展的苹果、葡萄采摘节活动,吸引了全县及外地的大量游客前来观光休闲。

村党史馆。以村党组织的奋斗历程和成就展览,成为旅游者赓续红色血脉的教育基地(图 6-15);以农事劳动和县非遗文化得胜村皮影戏体验场景(图 6-16、图 6-17),成为青少年教育示范基地,村党史馆在乡村休闲旅游中发挥着独特的作用。

图 6-15 村党史馆红色教育学习

图 6-16 得胜村民俗馆农事体验馆

东晟园艺基地。作为集生产、科研、教学、旅游为一体的综合性农业生态园区,经过 20 年的发展已成为集观光、采摘、餐饮、住宿、垂钓、休闲娱乐于一体的综合旅游景点。基地拥有先进的辽沈Ⅰ型日光温室 23 栋、冷棚 10 栋及育苗室、恒温室、现代化滴灌等配套设施。现有 80 余种观赏价值很高的绿化树种、彩叶树种、多种名贵花木、新奇特的绿色蔬菜和四季盛开的鲜切花。现已出圃苗木 2000 余万株,各种花卉 500 多万支,绿色食品蔬菜 200 多万千克。

2022年东晟植物园被评为国家AAA级景点,是得胜旅游必到之处(图6-18)。

图 6-17　得胜村皮影戏演示

图 6-18　国家AAA级景点东晟园艺基地

双润鹿业。总占地面积60亩,有梅花鹿养殖园、梅花鹿观赏园、休闲、果品采摘区等多个功能区。产品展示销售区面积400平方米,有鹿茸、鹿肉、鹿鞭、鹿血等产品。梅花鹿观赏园、鸽子放养区,供游人观赏鸽子喂食、放养、回巢等过程。休闲区可烹茶、品茗、看书、逛超市。采摘区院内亭榭、长廊、假山、水系相映成趣,春夏季可游玩、赏花、散步,秋季采摘苹果、山楂等各种水果。鹿园不一样的乡村旅游观光购物,是远离喧嚣、放松心情的首选之地。

马莲湖绿色庄园。利用填坑兴建的以养殖、种植、垂钓、娱乐和餐饮、住宿为一体的生态庄园。依湖而建的亭台楼阁、飞檐斗拱;报恩亭古色古香,水光潋滟、恍如仙境、美不胜收;湖心亭荷花覆盖、锦鲤嬉戏,木质栈道通向岸边,让人尽起思古之幽情。浪漫的建筑风格,可举办会议、篝火晚会等活动。围绕着绿色自然景观,更有其他20余户农家民宿,火头军坊民宿、慧丰园民宿,特色鲜明(图6-19)。

图6-19　马莲湖绿色庄园

得胜皮影戏表演体验。皮影戏在中国可谓源远流长,据传,得胜村皮影戏是南宋徽宗时由河北唐山乐亭传入。当年的得胜村人多以皮影戏为业维持生计,现这门古老的艺术得到有效传承,已成为得胜学校的办学特色,得胜村的孩子们在教师指导下学习,兴味极高。乡村皮影剧团节目大受欢迎,活动自编、自导、自演,深得游客喜爱。

得胜村乡村旅游整体上充分依托自然资源底色、乡村历史文化特色,统一风格的建筑,围绕自然的绿色田园景观,处处充满着舒适、写意的休闲之感,迷人的乡村美景与古朴醇香的民俗文化相互偎依,游客在宁静的空间中享受生活,放慢步调,体验一段轻松舒适的农家之旅,感受着这里深厚的人文底蕴、民俗风情(图6-20—图6-23)。

图6-20　得胜村旅游接待中心

第 6 章 得胜村"两山"实践创新基地建设科技服务

图 6-21 得胜碑景点

图 6-22 得胜村田园风光

(a)

(b)

(c)

(d)

(e)

图 6-23　得胜村乡村民宿

2021 年,村旅游服务收入超过 800 万元,就业 440 人;2022 年,村旅游服务收入达到 1020 万元,就业 480 人;2023 年,全村"生态田园+文化+旅游"的休闲乡村旅游服务收入达到 1155 万元,就业 520 人。村民说:

乡村旅游来得胜,田园美景玩不够;
园艺基地看东晟,四季瓜果红绿映;
高雅别致马莲湖,休闲度假底气足;
亭榭楼台西湖地,笙歌曼舞小巴黎;
农庄大餐摆成摞,自酿啤酒最合格;
乡土风情农家乐,有名铁锅炖大鹅;
特色大餐尽品尝,东北一绝烤全羊;
摸鱼捉蟹钓大虾,田园烹煮住农家;
再到村里休闲游,保健养生遛一遛;
宜居宜业和美村,保你来了不想走。

6.5　总体思路

建设"两山"实践创新基地,是践行习近平生态文明思想的重要举措,是推进"五位一体"生态文明建设的重要载体,是建设资源节约型、环境友好型社会的有效途径,也是盘山县政府全面推进县域经济发展的重大安排,更是得胜街道、得胜村全面提升地方生态环境资源价值,促进全面绿色高质量发展,建设美丽乡村的有效手段。

6.5.1 指导思想

全面贯彻党的二十大精神和习近平总书记关于新时代推动东北全面振兴座谈会上的重要讲话要求,以习近平生态文明思想为指导,牢固树立和践行"绿水青山就是金山银山"理念,以厚植绿水青山价值、夯实"两山"转化路径、壮大"金山银山"成效为重点,围绕盘山县委、县政府生态文明建设的总体安排,遵循盘山县域经济发展总体战略,探索得胜村多元化、高质量的"绿水青山""金山银山"双向转化通道,奋力推进得胜村生态文明建设取得新成效,实现"绿水青山""金山银山"双提升,打造"两山"创新实践样板,形成可复制、可推广的"两山"建设实践模式。

6.5.2 基本原则

以人为本,生态优先。生态文明建设核心是以人民群众的利益为根本出发点,建设生态文明既是民意所指,也是民生所求;良好生态环境是最公平的公共产品,是最普惠的民生福祉;坚持生态惠民、生态利民、生态为民,既要创造更多的物质财富和精神财富以满足人民日益增长的美好生活需要,也要提供更多优质生态产品以满足人民日益增长的优美环境需要。

因地制宜,绿色发展。立足地方基础条件,科学利用优势环境资源,强化顶层设计,突出生态特色,坚持发展和保护内在统一,深入探索符合得胜村实际、具有地方特色的"两山"转化路径,促进经济与生态建设协调可持续发展,让生态资源发挥更大效益,实现"绿水青山"和"金山银山"的有机统一。

夯实基础,创新驱动。充分发挥地方经济发展高效、人居环境优美、居民素养较高等优势,紧抓政策机遇,巩固已有发展成果,夯实建设基础,按照生态系统的整体性、系统性及其内在规律,守护绿水青山,保值增值自然资本。持续深化改革创新,通过创新驱动不断推进产业转型升级,探索长效保障机制,推动"绿水青山"源源不断地带来"金山银山"。

党政主导,全民参与。建立党政领导、党员干部带头、村民广泛参与的工作机制,充分发挥党政部门在组织领导、规划引领、资金投入、制度创新等方面的主导作用。激发市场活力,调动村民参与积极性,保障公众监督权利,积极营造全民共建共享的生态文明建设氛围,形成全村"两山"实践创新基地建设的强大合力。

6.5.3 实施年限

实施方案执行期限为2024—2030年,实施方案参考现状以2023年为基准年(辅以2020年、2021年情况)。

2024年2月,按照盘山县委、县政府决定"创建'两山'实践创新基地"目标任务,启动得胜村"两山"实践创新基地建设实施方案及申报材料编制工作。

2024年3月,印发实施《盘山县得胜街道得胜村"两山"实践创新基地实施方案》,成立村"两山"实践创新基地工作领导小组。精心组织各项宣传活动,提高全民生态环保意识,营造人人参与"两山"实践创新基地创建的浓厚氛围。

2024年4月,组织开展按年度分解建设任务稳步推进落实。

2024年11月,自查、整改,组织有关专家对创建工作进行查漏补缺、发现问题整改、调整完善优化。

2025—2029年,全面推进落实各年度各项工作,进一步巩固提升"两山"实践创新基地建设成果,总结、宣传探索"两山"转化路径示范,形成可复制、可推广、可持续的"两山"转化实践经验。

2030年,按照盘山县政府要求,得胜村"绿水青山就是金山银山"实践创新基地全面达到建设目标要求。

6.5.4　建设目标

总体目标:到2030年,全面实现得胜村"绿水青山"增值景观更隽秀,"金山银山"提效成果更厚重,"两山"建设机制更健全,"两山"文化内容更丰富,"两山"指数全面达标,村域经济社会绿色高质量发展。建设盘山县村庄"两山"转化的示范样板,为北方平原地区传统农耕村庄旱地农业经济发展提供典型经验。

具体目标如下。

——"绿水青山"增值景观更隽秀。到2025年,环境空气质量优良天数比例持续提升,达到90%以上;集中式饮用水水源地水质达标率继续保持100%;生态系统生产总值(GEP)稳定提高。

——"金山银山"提效成果更厚重。到2025年,以拓展旱地农业传统生产的特色林果业;以"梅花鹿+"养殖生产的规模化畜牧业;以村域历史文化资源"生态农业+文化+旅游"乡村休闲旅游业等生态经济体系进一步优化、延长拓宽,绿色发展水平进一步提升,产业结构更加合理。绿色、有机农产品产值占农业总产值比重、生态加工业产值占工业总产值比重、生态旅游收入占服务业总产值比重和生态补偿类收入占财政总收入比重稳步提高,"绿水青山就是金山银山"转化的经济产值实现大幅提升。

——"两山"建设机制更健全。到2025年,"绿水青山就是金山银山"转化体制机制全面建立,培育"绿水青山就是金山银山"实践创新制度及生态产品市场化转化机制,生态环保投入占GDP比重保持稳定。创新"绿水青山就是金山银山"转化制度,建立合理性、多元化的资源生态养护与补偿体系。

——"两山"文化内容更丰富。到2025年,"绿水青山就是金山银山"理念与村本土文化有机融合,国际国内生态文化品牌个数稳步增加,生态经济长效发展,"两山"建设成效公众满意度提高。

通过探索北方平原地区传统农耕村庄旱地农业生产结构调整,多元化多业态绿色发展的"两山"转化有效路径,形成可推广、可复制、可持续的典型案例。

6.5.5　建设指标

按照生态环境部《关于印发〈生态文明建设示范区(市)建设指标〉〈生态文明建设示范区(县)建设指标〉〈生态文明建设示范区管理规程〉〈"绿水青山就是金山银山"实践创新基地建设管理规程〉的通知》(环办生态〔2024〕4号)、辽宁省生态环境厅《关于印发〈辽宁省"绿水青山就是金山银山"实践创新基地建设管理规程〉的通知》(辽环发〔2021〕3号)文件要求,结合得胜村生态环境、资源禀赋及村庄建设发展实际,《得胜村"绿水青山就是金山银山"实践创新基地实施方案》(以下简称《实施方案》)提出全面落实"构筑绿水青山、推动绿色发展、实践金山银山、建立长效机制"四大领域的20项建设评估指标,并结合《生态文明建设示范区(县)建设指标》要求,提出具有得胜村"两山"基地建设的4项特色指标,见表6-1。

表6-1 得胜村"两山"实践创新基地建设指标与目标

目标	任务	序号	指标名称	目标参考值（考核要求）	基准年现状值（2023年）	目标年考核值（2030年）
构筑绿水青山	环境质量	1	环境空气质量优良天数比例	>90%	88.9%	>90%
		2	集中式饮用水水源水质达标率	100%	100%	100%
		3	地表水水质达到或优于Ⅲ类水的比例	>90%	完成上级地表水水质考核要求（村域无河流湖泊）	完成上级地表水水质考核要求（村域无河流湖泊）
		4	地下水水质达到或优于Ⅲ类水的比例	稳定提高	保持稳定	稳定提高
		5	受污染耕地安全利用率	>95%	无污染耕地	无污染耕地
		6	污染地块安全利用率	>95%	无污染地块	无污染地块
	生态状况	7	林草覆盖率	>18%	18.93%	稳定提高
		8	物种丰富度	稳定提高	野生植物超过75种	稳定提高
		9	生态保护红线面积	不减少	无生态红线区	—
		10	单位国土面积生态系统生产总值	稳定提高	359.9万元/平方千米	稳定提高
推动"两山"转化	民生福祉	11	居民人均生态产品产值占比	稳定提高	56.5%	稳定提高
		12	绿色、有机农产品产值占农业总产值比重	稳定提高	33.52%	稳定提高
	生态经济	13	生态加工业产值占工业总产值比重	稳定提高	100%	稳定提高
		14	生态旅游收入占服务业总产值比重	稳定提高	100%	稳定提高
	生态补偿	15	生态补偿类收入占财政总收入比重	稳定提高	4.2%	稳定提高
	生态效益	16	国际国内生态文化品牌	获得	已获得10项	增加2项
		17	"两山"建设成效公众满意度	>95%	96.8%	稳定提高
建立长效机制	制度创新	18	"两山"基地制度建设	建立实施	建立实施	建立实施
		19	生态产品市场化机制	建立实施	建立实施	建立实施
	资金保障	20	生态环保投入占GDP比重	>3%	3.25%	稳定提高

续表

目标	任务	序号	指标名称	目标参考值（考核要求）	基准年现状值（2023年）	目标年考核值（2030年）
得胜特色	构筑绿水青山环境质量	21	建立规模以下的畜禽粪污集中收运利用体系	—	养殖户个人收集处理利用	建立完善的集中收运利用体系,利用率75%
		22	村庄生活污水治理(管控)率	—	30%	生活污水治理(管控)率60%以上
	绿色发展	23	村集体闲置资产资源创新流转增效	—	已经开展前期工作	完成实施
	特色培训	24	生态文明建设教育特色培训基地建设	—	已经有效开展	建立实施

6.5.6 目标可达性分析

《"绿水青山就是金山银山"实践创新基地建设管理规程(2024年版)》的"两山"实践创新基地建设指数,包括构筑绿水青山、推动"两山"转化、建立长效机制三大领域20项指标。

按照得胜村《实施方案》的目标、任务要求:①比照"两山"实践创新基地建设的20项评估指标的考核要求,经过对2023年得胜村生态环境状况、经济活动情况、村庄管理制度及档案资料等统计、整理、分析评估后,认为"得胜村目前已经基本符合创建考核要求"。②关于得胜村《实施方案》设立的4项特色指标现状情况分析结果是,目前全村已经建设了生活污水小型处理设施,村庄生活污水治理(管控)率超过30%;规模以下的畜禽粪污,由养殖户个人开展收集后,自行开展堆肥利用;村集体闲置资产资源创新流转增效项目,已经开展前期工作;生态文明建设教育特色培训,已经有效开展,因此,目前评估4项特色指标的现状情况,通过创建工作的开展,是可以达到考核目标的。

未来创建期内,得胜村"两山"实践创新基地建设必须加强组织领导,持续提升创建管理工作的有效性,完善"两山"建设长效机制,并通过全面高质量落实《实施方案》提出的重点项目,筑牢"绿水青山"底色,使"绿水青山"增值,确保巩固提升"两山"建设成效。2030年,《实施方案》提出的目标、任务可以达到考核要求。

6.6 重点任务

6.6.1 加强环境资源保护,提升绿水青山价值

1. 着力打好生态环境保护四大战役

打好大气污染防治攻坚战。按照盘山县委、县政府生态环境保护要求,落实国务院《空气

质量持续改善行动计划》(国发〔2023〕24号)提出的大气污染防治攻坚行动具体任务。大力宣传秸秆禁烧的重要性,按照管理要求实施秸秆处理。鼓励倡导使用清洁能源,扩大液化气、太阳能的使用。加强村庄道路两侧、庭院周围栽植树木,调节大气环境。2025年,实现村环境空气质量优良比例＞90%,建设期内保持稳定或提高。

打好水污染防治保卫战。按照盘山县委、县政府生态环境保护要求,实施水污染防治攻坚行动具体任务。坚持山水林田湖草、水库塘坝系统治理,深入实施新修订的水污染防治法,引导村民坚决落实水污染防治行动计划。加强农业面源污染防治,科学使用化肥和农药,大力推广高效新型肥料和高效、低毒、低残留农药,严格控制肥料和农药污染,主要农作物化肥和农药使用总量零增长。建设期内,持续保持无黑臭水体管控要求。

打好土壤污染防治保卫战。按照盘山县委、县政府生态环境保护要求,严格执行土壤污染防治法律法规和标准,强化土壤污染风险管控,保障农产品质量和人居环境安全。加强耕地、园地、林地土壤环境管理,严格控制耕地、园地、林地的农药使用量。禁止使用高毒、高残留农药。开展土壤环境调查、监测工作。建设期内,持续保持耕地无污染。

打好村庄污染治理保卫战。巩固和深化全国文明村镇、美丽宜居村庄示范、中国最美休闲乡村、省环境优美村等生态文明建设成果,继续加强农村环境综合整治,进一步完善村内供水、供电、供气、交通、污水治理、垃圾收集等基础设施建设。建设期内,持续保持村饮用水水质达标率达100%。

2. 持续营造宜居宜业美丽乡村建设

以提升村域生态环境质量为重点,实施"山水林田湖草"一体化生态环境保护的综合治理工程、造林绿化工程等,巩固绿色生态村庄创建成果,对重点村路进一步花园化,从绿化向美化升级。构建浑然一体的村庄绿色生态安全体系,让村民"望得见山、看得见水、记得住乡愁"。建设期内,持续确保村林草覆盖率不降低。

按照《自然生态空间用途管制办法(试行)》(国土资发〔2017〕33号),严格控制各类开发利用活动对生态空间的占用和扰动,确保依法保护的生态空间面积不减少、生态功能不降低、性质不改变。建设期内,村自然生态空间面积保持稳定。

立足生态资产保值增值,强化绿水青山养护,开展高标准农田建设,加大自然生态系统保护与修复力度,夯实自然资源基础,提升自然生态系统稳定性和生态服务功能,实施生态资源资产培育工程,加大生态资源资产储蓄,提高生态产品生产能力。建设期内,提高"绿水青山"价值,实现村生态系统生产总值稳定提高。

6.6.2 强化发展方式转变,推动产业绿色发展

1. 加强现代农业生产绿色发展

以提高秸秆综合利用、畜禽粪便资源利用为抓手,深化产业生态化发展。建立健全秸秆还田利用、收储运销、产业增值等体系,重点解决农户种植秸秆利用等问题。通过畜禽粪便资源利用提质增效,推动"两山"转化。重点任务是"通过废弃物资源化利用,推动循环经济模式,为推动农业绿色发展提供有力支撑,并进一步提升村庄生态环境质量,实现宜居宜业美丽乡村建

设"。2025年,实现农作物秸秆综合利用率达到85%,畜禽粪便资源利用率达到75%,建设期内保持稳定提高。

2. 促进绿色农产品加工业发展

以创新为引导,依托优质林果产品、梅花鹿、安格斯牛、水稻种植等生产,以提高绿色、有机、无公害农产品生产为基础,进一步因地制宜,调整完善特色产业生产,通过无害化生产,建设绿色农产品生产示范区。建设期内,建设绿色农产品加工企业,提升生态加工业产值占工业总产值比重,实现生态农产品加工产值稳定提高。

6.6.3 传承弘扬创新精神,实现金山银山增效

1. 扩大生态旅游业集群效应

得胜村生态旅游发展有良好的基础,并具有自身特色,应坚持引导、企业管理、市场运作,积极提升生态补偿类财政收入,积极吸引社会资本参与旅游业开发,促进旅游业向规模化、专业化方向发展。提升改造村文化广场,加快建设新景点,着力打造生态和经济良性互动的绿色旅游方式。建设期内,生态旅游收入增长率、生态补偿类财政收入增长率实现稳定提高。

推进生态旅游业与现代农业、现代商贸业等深度耦合,谋划培育资源节约、环境友好的新产业、新业态、新模式,探索生态经济化、经济绿色化的有效途径,将产业发展与提升村民收入紧密结合。进一步改善农村消费环境,提升农村消费水平,形成规范、竞争、开放、有序的农村现代商品流通体系。建设期内,实现村民年人均收入、生态环保公益岗位年均收入稳定提高。

2. 提升生态品牌影响力建设

在得胜村目前取得多项国家生态文化品牌的基础上,努力提升生态产品供给水平和保障能力,提高生态产品生产能力,藏富于绿水青山。以增强群众获得感为目标,继续培育打造具有地方特色的生态文化品牌,丰富"绿水青山就是金山银山"理念内涵,推进生态文化供给模式创新,彰显优美环境魅力。建设期内,增创国际国内生态文化品牌2项。

6.6.4 探索资源转化模式,建立长效管理机制

1. 建立生态资源转化市场化机制

实现生态资源增值。探索生态资源价值实现,是建设生态文明的应有之义,也是新时代必须实现的重大改革成果。得胜村生态资源产权归属清晰、权责明确,通过建立监管有效的产权制度,明确生态资源价值实现取向和现实抓手,建设有效的价格发现与形成机制,在生态资源交易市场上开展资产及其衍生品交易,让生态资源充分变现。建设期内,实现村集体闲置资产资源创新流转增效80万元。

健全生态补偿机制。积极推进生态环保投入,做好村生态绿色发展优先项目,积极推进生态环境保护投入制度创新,完善生态环境投资机制,不断加大对环境保护资金的投入。巩固村

环境综合整治项目工作成果,明确管理职责,确保污染治理设施设备长期稳定运行,不断改善和提高农村环境质量,并根据实际申请农村环境整治资金。以政府投资为导向,积极引导金融、民营、社会资本等多渠道筹集生态环境保护建设资金。建设期内,实现生态补偿收入、生态环保投入稳定提高,为生态环境保护创造良好的资金保障。

2. 持续开展多层次生态文明教育

加强村领导干部生态文明教育。将生态文明建设相关内容纳入特色培训课程,着力强化生态文明制度建设。积极拓展党建教育基地的活动方式,通过生态文明建设教育特色培训基地建设项目,突出生态文明建设主题,大力宣扬"两山"实践创新基地建设成果,弘扬生态文明。

开展村民生态文明教育。以特色培训为依托,把生态文明建设要求写入《村规民约》,使村民增强环保意识,养成遵纪守法、团结和睦的新风尚,积极组织开展环境日等节日活动,强化活动的文化色彩,不断提高全民生态文明素养,提升绿色家庭创建水平,提高村民的创"绿"意识。

扩大村党史馆的影响力。在村党史馆现有的条件下,加强接待服务能力,扩大讲解员队伍,保证完成各级组织交给的任务。积极开展面向旅游者的生态文明教育,传播红色教育。建设期内,实现生态文明建设教育特色培训10万人次目标。

6.6.5 深入拓展"两山"转化,加强经验模式总结

近年来,得胜村在上级党组织的正确指导和大力支持下,在村党总支部带领下,坚持"以人为本,绿色发展,因地制宜,分类培育,优化提高"的原则,推动生态产业化和产业生态化,不断地将生态文明建设向纵深推进,坚持走"绿水青山就是金山银山"生态发展之路,打好"绿色牌",经过多年的苦干、实干加巧干,充分利用较为单一的自然资源条件,已探索出适合得胜村"绿水青山就是金山银山"转化路径,形成了"党建引领党员担当务实,凝心聚力推动发展;深入开展村庄综合整治,提升生态环境底色;创新利用绿水青山价值,推动'两山'转化;完善生态文明体制机制,建设宜居美丽村庄"的绿色发展新模式,促进了人与自然和谐发展,取得了经济社会发展水平名列盘山县村庄前列的成效。探索了北方平原地区传统旱作农耕生产、自然环境单一的村庄"两山"转化的路径,形成了可复制、可推广、可持续的典型案例。

建设期内,得胜村仍需要依托土地、水源和气候等自然资源,坚持以提升"绿水青山"价值为基础,以维护生态安全为核心,以现代农业科技为支撑,以保障粮食生产为基础的综合型多元化的生态农业持续发展,因地制宜地促进生态优势转化为产业优势,持续拓展旱地农业传统生产模式,为"千亩果园""百亩水果大棚"的林果产业,"百头鹿苑""五畜兴旺"的家庭养殖业,"生态农业+文化+旅游"农旅融合的乡村休闲旅游业注入新的生产方式;创新利用"绿水青山"价值,推动产业结构向绿色化、低碳化业态融合,延长产业链和价值链,生产新的产品,提升"金山银山"的成效;彻底摆脱自然资源的约束,探索多样性的产业新结构、生态化的生产新模式,通过"两山"转化吸纳更多的人口就业,不断地提升农业经济效益,显著地增加全体村民的获得感和幸福感,努力为盘山县乃至北方平原区同类型村庄"两山"转化提供新的可复制、可推广、可持续的典型案例。

6.7 重点项目

为持续推动得胜村"两山"转化成果,针对得胜村"绿水青山就是金山银山"实践创新基地建设目标、指标和重点任务,在方案实施期间安排8个重点项目,总投资预算约464万元,得胜村"两山"实践创新基地建设重点项目见表6-2。

表 6-2 得胜村"两山"实践创新基地建设重点项目表

序号	项目类别	项目名称	项目建设内容	建设期	投资预算/万元	实施主体
1	延长产业链,推动"两山"转化	农产品加工项目	激活盘山县非物质文化遗产——得胜村传统酿酒古技艺的价值,推进得胜泉烧锅技艺酒坊建设	2024—2026年	20	村两委,农户
2			激活农产品价值,推进"特色零食"加工企业建设	2024—2026年	30	村两委,农户
3	土地资源提质增效,推动"两山"转化	高标准农田建设项目	按照《高标准农田建设 通则》(GB/T 30600—2022),主要实施土壤改良工程、灌溉和排水工程、田间道路工程、农田防护和生态环境保护工程、农田输配电工程,完成200公顷高标准农田建设。农产品申请绿色品牌2项	2024—2029年	30万元/公顷,共6000万元	村两委,协调县农业农村局争取国家、省市专项资金
4	农业废弃物资源利用,提升"绿水青山"价值	畜禽粪便利用项目	按照《关于促进畜禽粪污还田利用依法加强养殖污染治理的指导意见》要求,利用畜禽粪污资源化处理先进技术,实施畜禽粪污资源化利用基础设施建设工程,2026年全村畜禽粪污综合利用率达到75%以上	2024—2029年	150	村两委,养殖户
5		秸秆资源利用项目	依据《农业废弃物综合利用 通用要求》(GB/T 34805—2017),通过合作项目,利用秸秆处理先进技术,实施秸秆利用工程,2026年全村秸秆综合利用率85%以上。培育新养殖品种	2024—2029年	150	村两委,农户
6	美丽乡村建设,提升"金山银山"成效	历史文化资源利用提升项目	激活得胜碑、皮影戏、村民俗馆、村古技艺传承泥人馆、长城遗址、大乘光明寺等旅游资源的价值,进一步丰富得胜乡村休闲旅游内涵和活动,提升旅游价值,让美丽乡村可见,让乡愁可感受	2024—2027年	100	村两委,协调得胜街道

续表

序号	项目类别	项目名称	项目建设内容	建设期	投资预算/万元	实施主体
7	绿色发展,得胜特色	集体闲置资产资源创新流转增效项目	依据自然资源部《乡村振兴用地政策指南(2023年)》,通过辽宁·沈阳农村综合产权交易网开展村集体闲置土地等资源产权交易,破解资金问题,促进新型农村集体经济活力和增收。村集体资产资源增效80万元	2024—2029年	5	村两委,协调得胜街道
8		生态文明建设教育特色培训基地建设项目	发挥村党史馆红色教育基地的作用,持续开展面向更多群体的生态文明教育,生态文明建设教育特色培训10万人次	2024—2030年	7	村两委,志愿者
合计(扣除高标准农田建设项目资金6000万元)					462	

生态农产品加工项目。主要目标是"建设生态农产品加工企业,延长产业链,推动'两山'转化"。重点任务是"保障居民人均生态产品产值占比,生态加工业产值占工业总产值比重,生态旅游收入占服务业总产值比重"考核指标稳定提高。

高标准农田建设项目。主要目标是"通过土地资源提质增效,申请绿色品牌2项,推动'两山'转化"。重点任务是"通过建设高标准农田,落实粮食安全战略,进一步保障粮食生产,提高绿色优质农产品生产量。同时,为家庭畜牧养殖业提供优质丰富的饲料,扩大家庭畜牧养殖业规模"。

畜禽粪便利用项目。主要目标是"通过畜禽粪便资源利用提质增效,推动'两山'转化"。重点任务是"建立规模以下的畜禽粪污集中收运利用体系,通过废弃物资源化利用,推动循环经济模式,并进一步提升村庄生态环境质量,实现宜居宜业美丽乡村建设"。

秸秆资源利用项目。主要目标是"推动秸秆利用合作项目建设,通过农作物秸秆资源利用提质增效,推动'两山'转化"。重点任务是"为家庭畜牧养殖业提供优质丰富的饲料,促进培育新的养殖品种,推动循环经济模式,并进一步提升村庄生态环境质量,实现宜居宜业美丽乡村建设"。

历史文化资源利用提升项目。主要目标是"挖掘历史文化资源的价值,提升'金山银山'成效"。重点任务是"激活乡村旅游资源的价值,丰富乡村休闲旅游的内涵和活动,进一步扩大得胜乡村休闲旅游的规模,提升旅游业收入"。

集体闲置资产资源创新流转增效项目。主要目标是实现"绿色发展,得胜特色"。主要任务是"通过对村集体闲置土地等资源的产权交易,破解村庄发展建设资金不足问题,为村集体经济注入动力,促进'金山银山'增效"。

生态文明建设教育特色培训基地建设项目。主要目标是实现"绿色发展,得胜特色"。主要任务是"发挥村党史馆红色教育基地的作用,辅以历史文化优质资源内涵,持续开展面向更多群体的生态文明教育,提升生态文化建设水平"。

6.8 保障措施

"两山"实践创新基地建设具有综合性、系统性和长期性、复杂性等特点,涉及生态文明建设的各个领域,关系全体村民对美好生活愿景的实现。村两委班子要始终坚持"一盘棋"思想,统筹协调,加强领导,注重目标的可达性,采取切实有效的保障措施,集中执行层面的各项工作,全面落实《实施方案》提出的建设目标和任务。全面解放思想,以实现"两山"建设目标为核心,创新思维,积极创新工作方式和工作方法,迎接"两山"建设过程中的挑战,务必确保建设任务顺利实施。

6.8.1 加强组织领导,统筹协调推进

"两山"基地领导小组负责统一部署、统筹协调、组织推进"两山"实践创新基地建设的各项工作。明确责任主体,加大执法力度,拓宽融资渠道,强化科技支撑,鼓励公众参与,并通过行政管理、法律、经济、市场、金融等多种手段,齐抓共管,为"两山"实践创新建设提供强有力的保障和支撑。

建立定期会议制度,明确议事议程、落实责任清单制和项目管理推进制,实时跟踪和反馈"两山"实践创新基地建设工作情况,及时解决过程中遇到的新问题、新情况。在满足目标质量要求的前提下,鼓励采取创新方法,尽快形成"两山"实践创新基地建设新格局。

6.8.2 强化监督激励,健全考核机制

认真贯彻落实国家、省(市)、县有关生态文明建设的法律法规,健全完善村有关资源开发利用、生态文明建设等方面的规章制度。

加强法律法规监督,定期组织对环境保护、生态建设、资源开发法律法规执行情况进行检查和反馈;落实执法责任制和责任追究制,科学评价领导干部任职期间自然资源开发利用、生态环境保护责任履职情况;坚持环保"三同时"制度,并在此基础上建立有效务实、分工明确、协同推进等工作机制。坚决制止破坏生态环境和资源过度开发行为。

6.8.3 拓宽融资渠道,强化经费保障

积极响应公共财政支持政策,争取政策和资金支持。合理安排"两山"实践创新基地建设经费的投入。加大专项资金优化和整合力度,统筹安排符合条件的生态系统修复、生态系统保护、绿色产业发展、循环经济发展、新能源和可再生能源开发利用、文化遗产保护修复和开发、基础能力建设、特色旅游建设等资金的使用。

积极争取国家、省(市)、县等各级生态建设鼓励资金,按照得胜村"绿水青山就是金山银山"实践创新基地建设重点项目,引导资金向重点领域和项目集中、倾斜,提高资金使用效益,积极扩大融资渠道,鼓励引导社会资本参与创建工作。创新探索"两山"实践创新基地建设资金开放合作模式,全面助力"两山"实践创新基地建设。

6.8.4 强化人才保障,加快技术研发

强化"两山"实践创新基地人才队伍建设。聘用环境保护、环境科学、生态修复、工程建设、规划设计、市场开发与营销、旅游管理等专业技术人才,培养爱农业、懂技术、会管理的新型职业农民,让新兴职业技术人才在农村优先发展过程中发挥作用。

增强对外开放,积极建立与科研院所、高校的长期联系和密切合作,积极开展生态环境保护、清洁生产、绿色农业、资源综合利用、循环经济、双碳技术等新技术、新产品的学习和应用。

6.8.5 加强宣传教育,促进全民参与

深化"两山"实践创新基地建设信息公开,充分利用各种传统媒体和新型媒体,对"绿水青山就是金山银山"理念、村"绿水青山就是金山银山"转化的典型案例、转化成效做好解读和宣传,扩大信息公开的范围。切实提高民众对"两山"实践创新基地建设整体认识,大力促进民众通过各种宣传媒介和鼓励政策途径参与"两山"实践创新基地建设。

鼓励开展多种形式的宣传,充分运用互联网、公益广告、公众号等媒介展开立体、多层次宣传和科普教育,全面提高全体村民的生态文明意识。推进红色教育基地建设,推进学生实践基地建设,广泛开展内容丰富且形式多样的文化活动。建立生态文明建设和"两山"实践创新基地建设公众参与机制,完善奖励制度,充分调动民众参与"两山"实践创新基地建设的积极性和主动性。

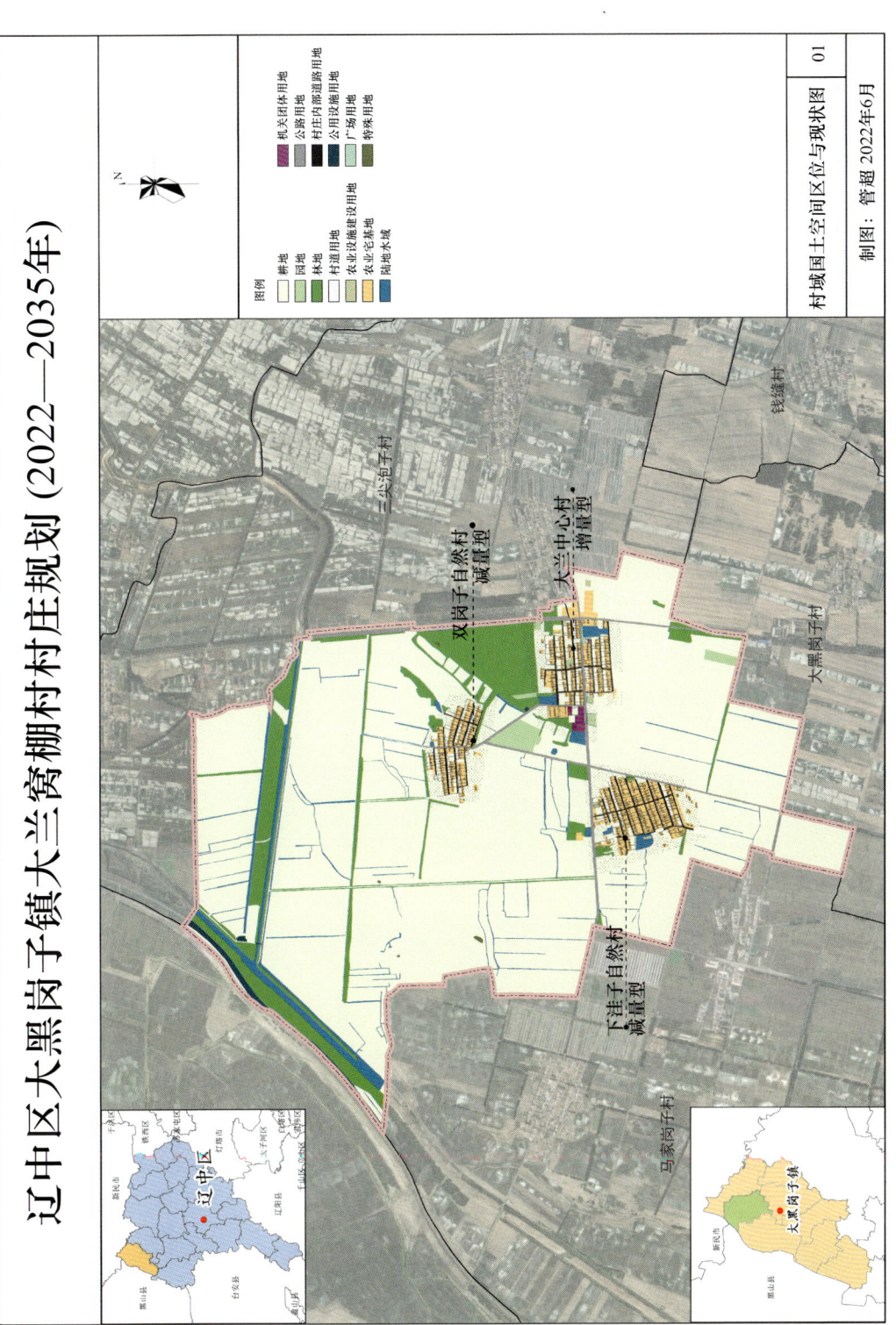

图 3-1 村域国土空间区位与现状图

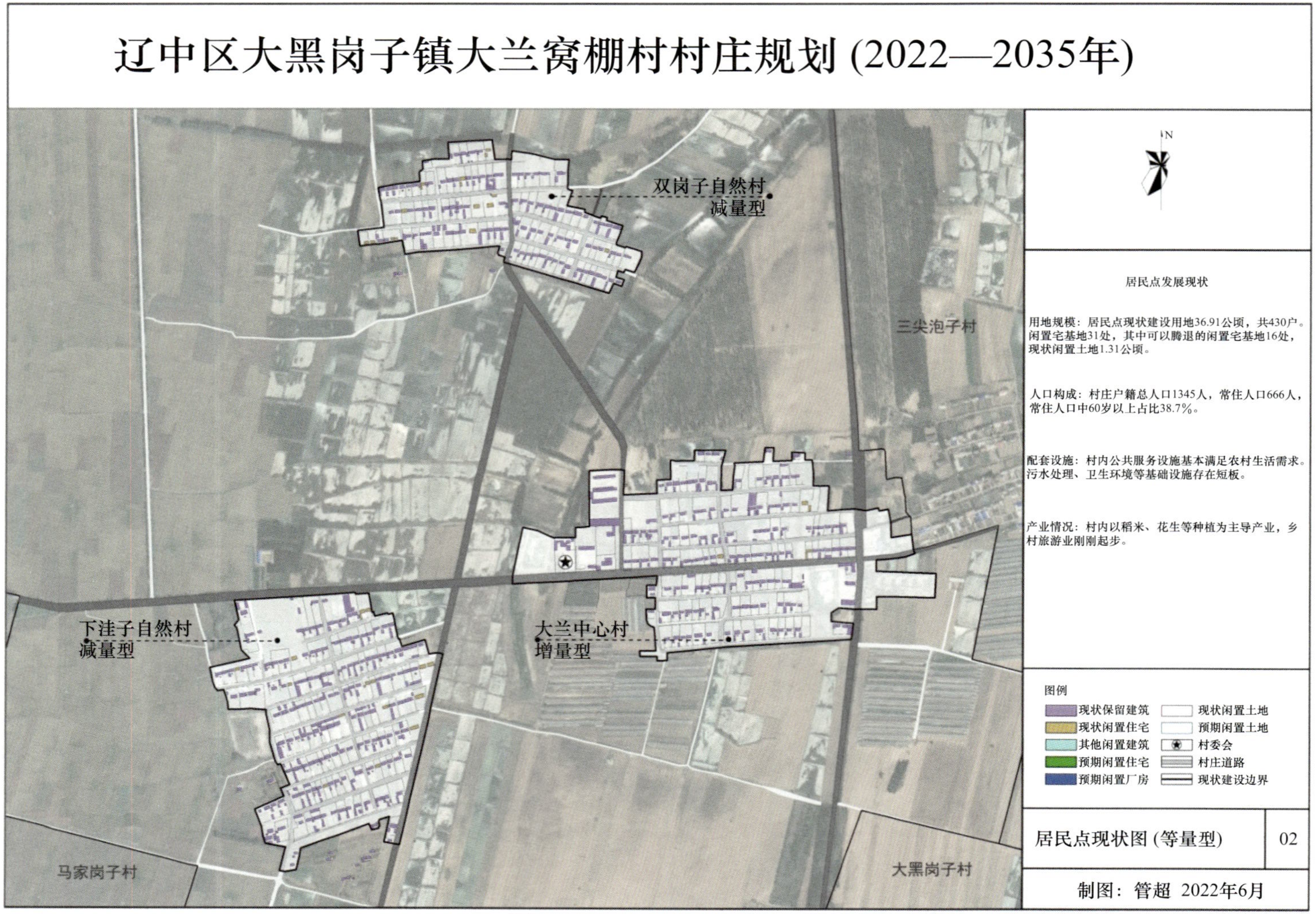

辽中区大黑岗子镇大兰窝棚村村庄规划(2022—2035年)
N
双岗子自然村
减量型
三尖泡子村
下洼子自然村
减量型
大兰中心村
增量型
马家岗子村
大黑岗子村
居民点发展现状
用地规模：居民点现状建设用地36.91公顷，共430户。闲置宅基地31处，其中可以腾退的闲置宅基地16处，现状闲置土地1.31公顷。
人口构成：村庄户籍总人口1345人，常住人口666人，常住人口中60岁以上占比38.7%。
配套设施：村内公共服务设施基本满足农村生活需求。污水处理、卫生环境等基础设施存在短板。
产业情况：村内以稻米、花生等种植为主导产业，乡村旅游业刚刚起步。
图例
现状保留建筑
现状闲置住宅
其他闲置建筑
预期闲置住宅
预期闲置厂房
现状闲置土地
预期闲置土地
村委会
村庄道路
现状建设边界
居民点现状图(等量型)
02
制图：管超 2022年6月

图 3-2　居民点现状图

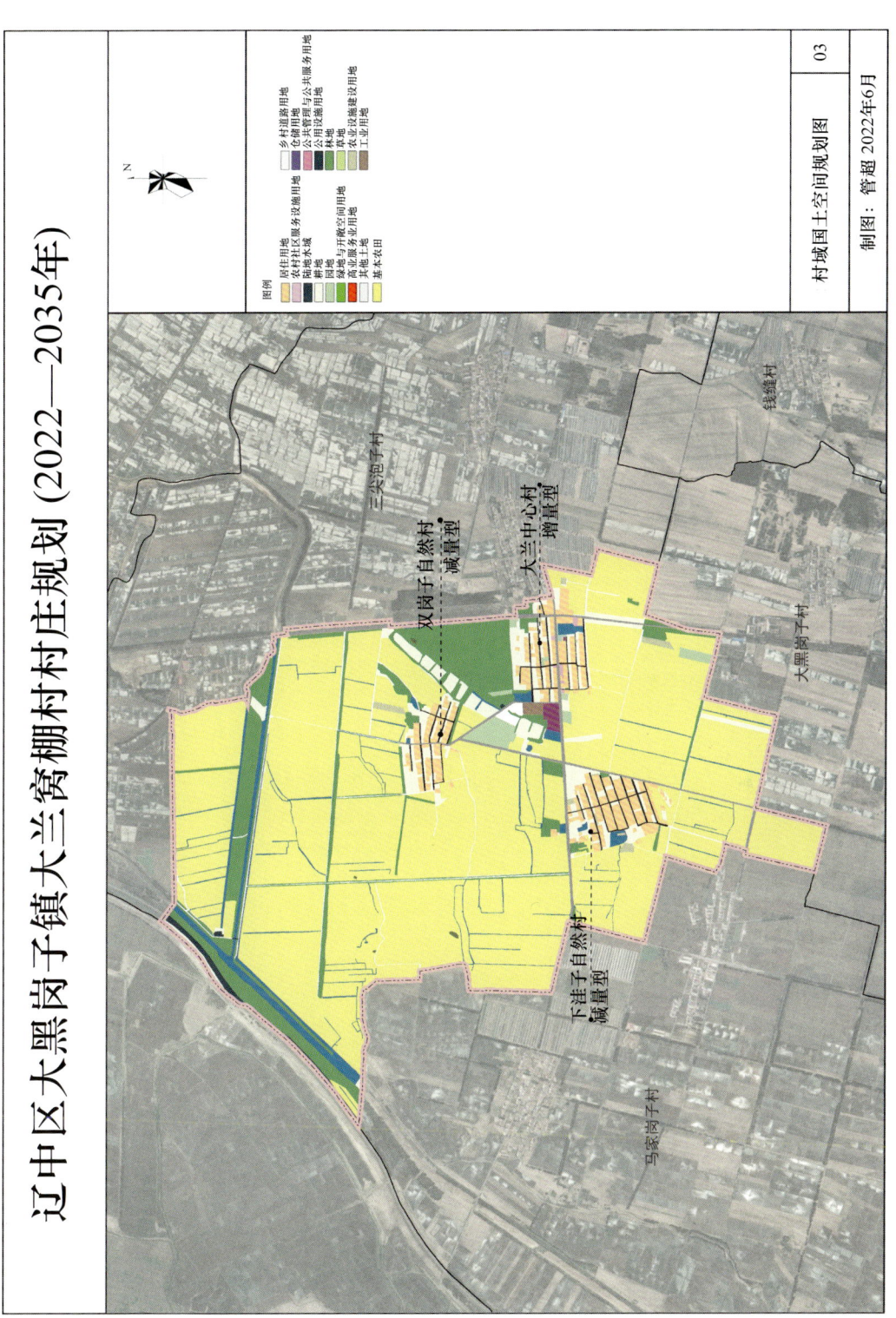

图 3-3 村域国土空间规划图

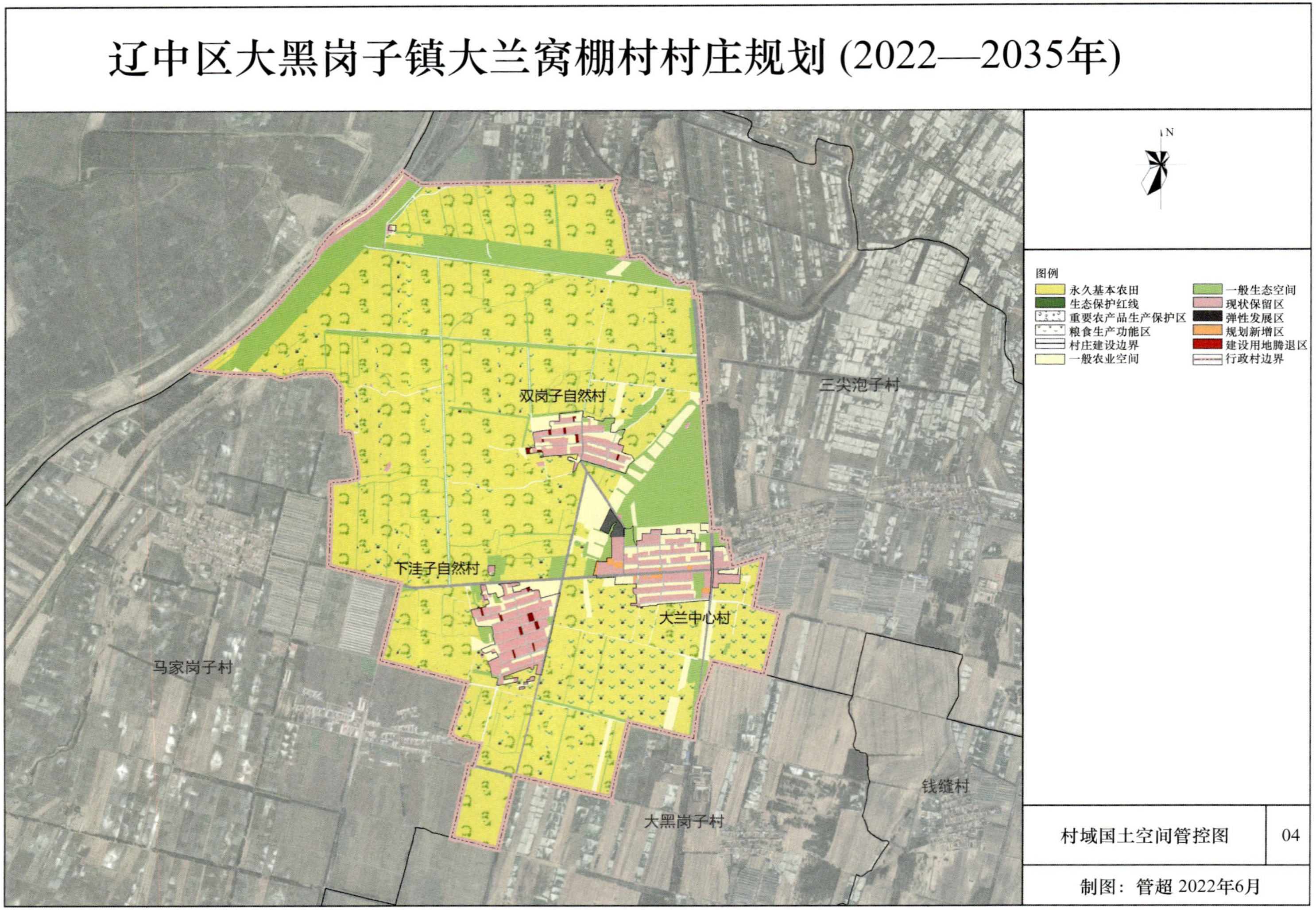
辽中区大黑岗子镇大兰窝棚村村庄规划(2022—2035年)
N
图例
永久基本农田
生态保护红线
重要农产品生产保护区
粮食生产功能区
村庄建设边界
一般农业空间
一般生态空间
现状保留区
弹性发展区
规划新增区
建设用地腾退区
行政村边界
三尖泡子村
双岗子自然村
下洼子自然村
大兰中心村
马家岗子村
钱缝村
大黑岗子村
村域国土空间管控图
04
制图：管超 2022年6月

图 3-4　村域国土空间管控图

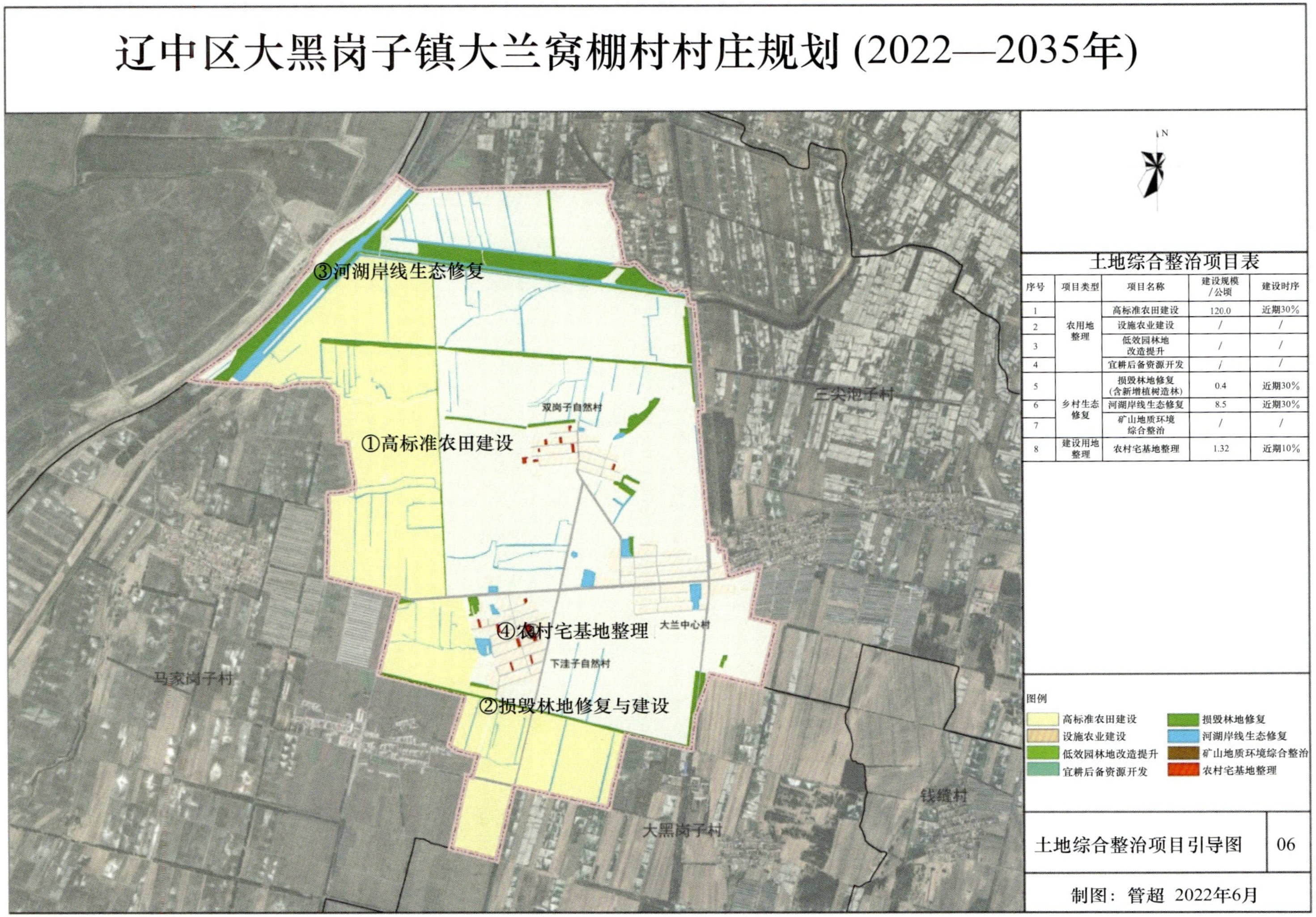

辽中区大黑岗子镇大兰窝棚村村庄规划（2022—2035年）

土地综合整治项目表

序号	项目类型	项目名称	建设规模/公顷	建设时序
1	农用地整理	高标准农田建设	120.0	近期30%
2		设施农业建设	/	/
3		低效园林地改造提升	/	/
4		宜耕后备资源开发	/	/
5	乡村生态修复	损毁林地修复（含新增植树造林）	0.4	近期30%
6		河湖岸线生态修复	8.5	近期30%
7		矿山地质环境综合整治	/	近期10%
8	建设用地整理	农村宅基地整理	1.32	

图例：
- 高标准农田建设
- 设施农业建设
- 低效园林地改造提升
- 宜耕后备资源开发
- 损毁林地修复
- 河湖岸线生态修复
- 矿山地质环境综合整治
- 农村宅基地整理

① 高标准农田建设
② 损毁林地修复与建设
③ 河湖岸线生态修复
④ 农村宅基地整理

土地综合整治项目引导图 06

制图：管超 2022年6月

图 3-6 土地综合整治项目引导图

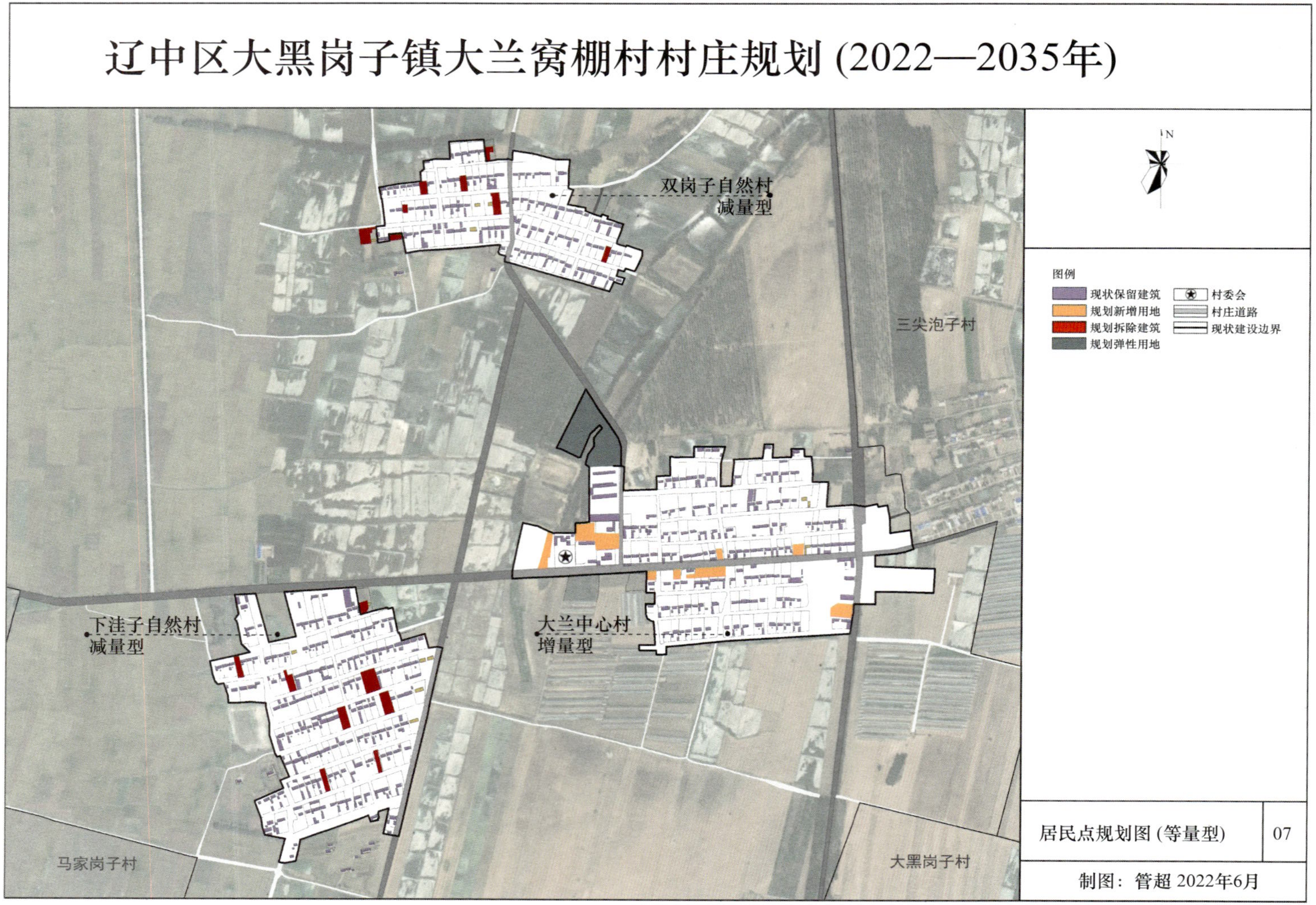
辽中区大黑岗子镇大兰窝棚村村庄规划 (2022—2035年)
N
双岗子自然村
减量型
三尖泡子村
大兰中心村
增量型
下洼子自然村
减量型
马家岗子村
大黑岗子村
图例
现状保留建筑
规划新增用地
规划拆除建筑
规划弹性用地
村委会
村庄道路
现状建设边界
居民点规划图 (等量型)
07
制图：管超 2022年6月

图 3-7　居民点规划图

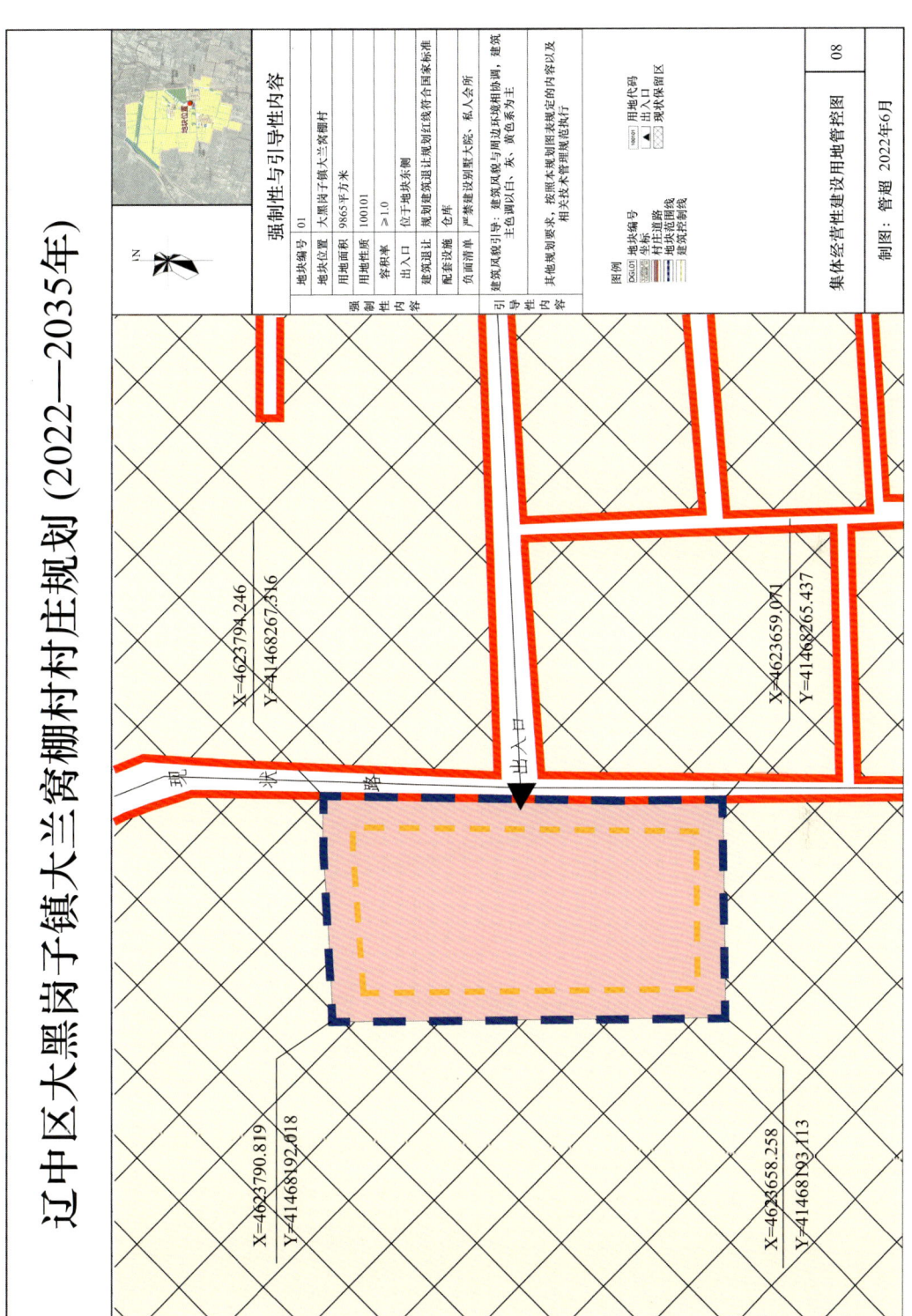

图 3-8 集体经营性建设用地管控图

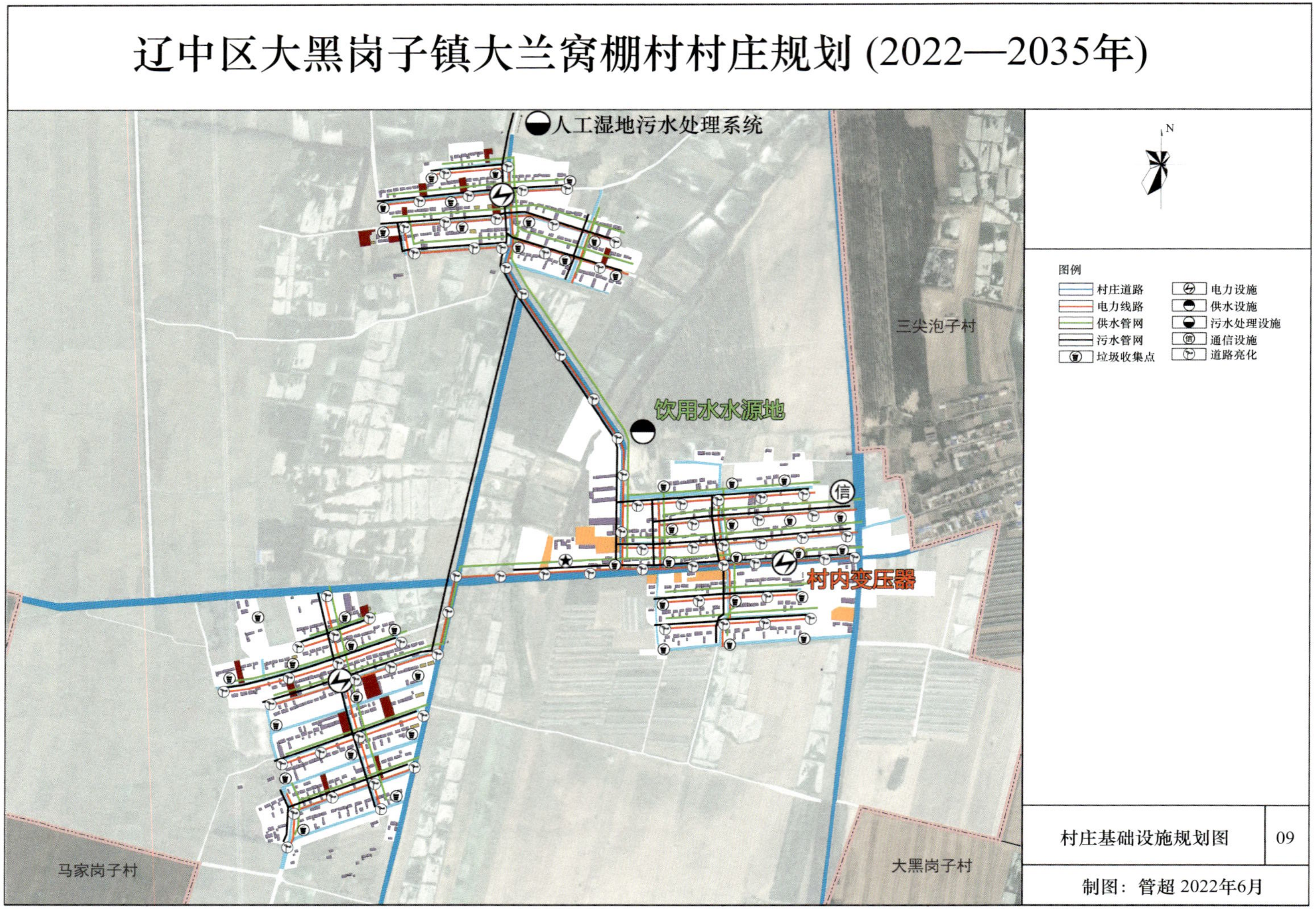

辽中区大黑岗子镇大兰窝棚村村庄规划（2022—2035年）

图 3-9 村庄基础设施规划图

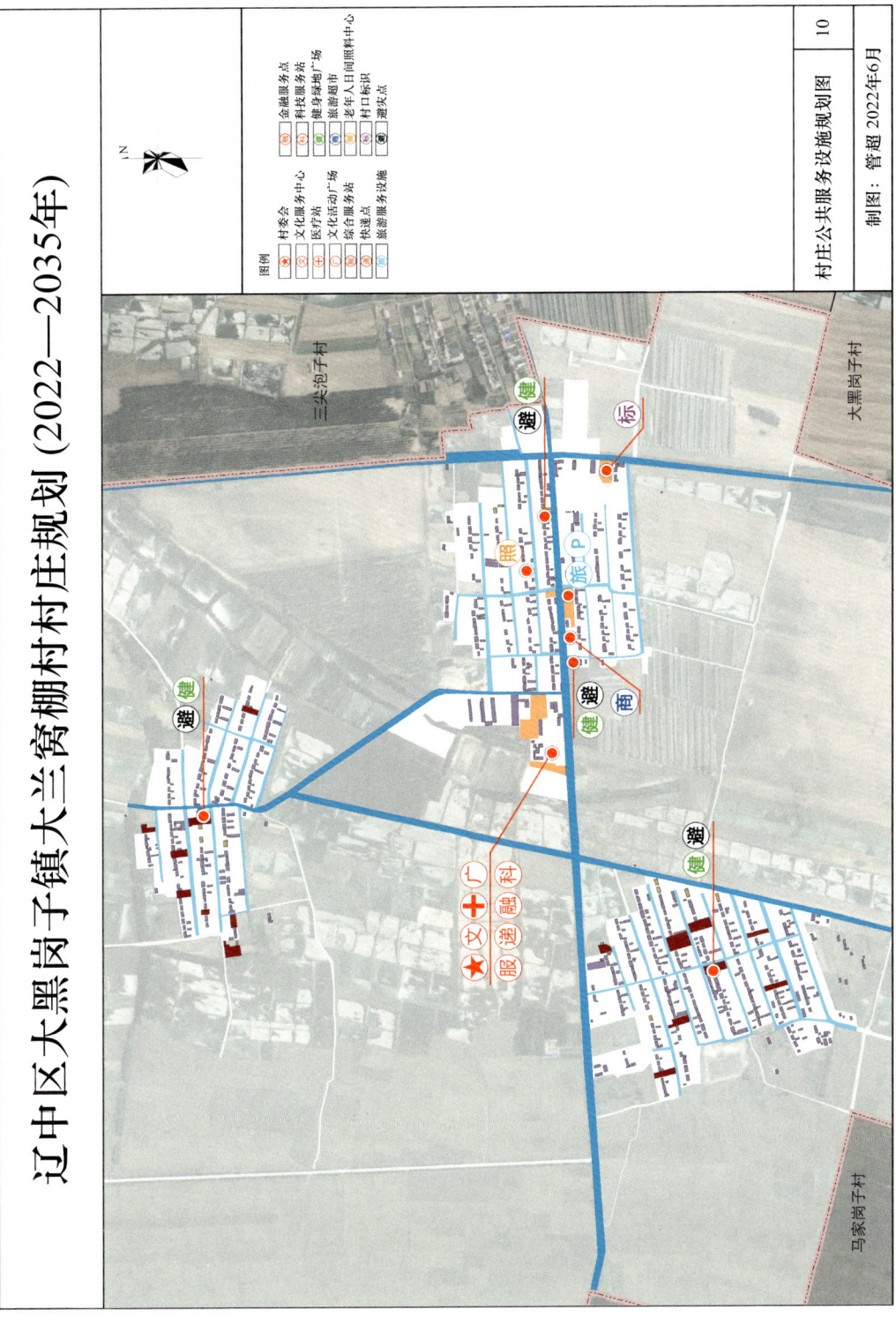

图 3-10 村庄公共服务设施规划图

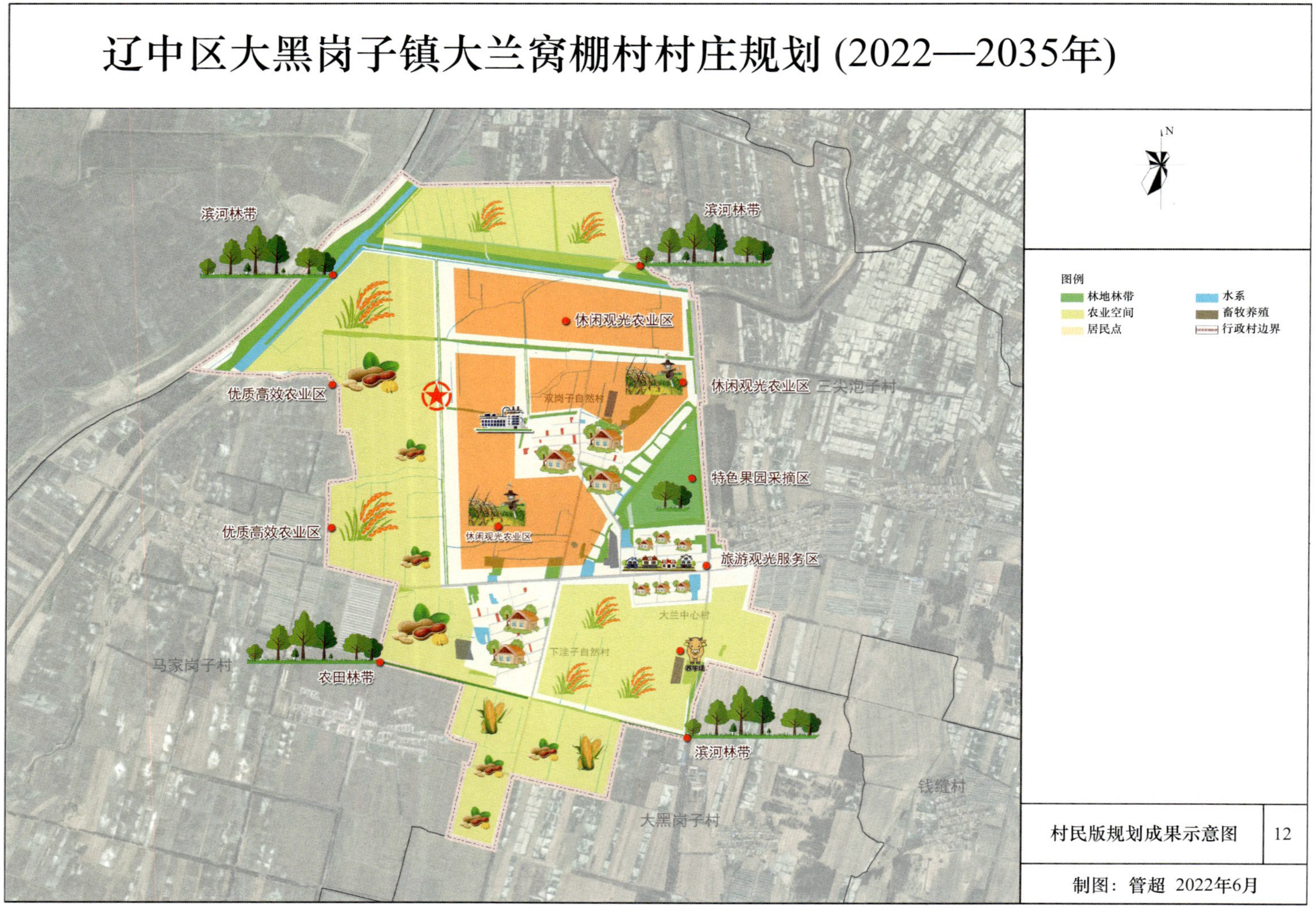

辽中区大黑岗子镇大兰窝棚村村庄规划（2022—2035年）

图例
- 林地林带
- 农业空间
- 居民点
- 水系
- 畜牧养殖
- 行政村边界

村民版规划成果示意图 | 12

制图：管超 2022年6月

图 3-12 村民版规划成果示意图

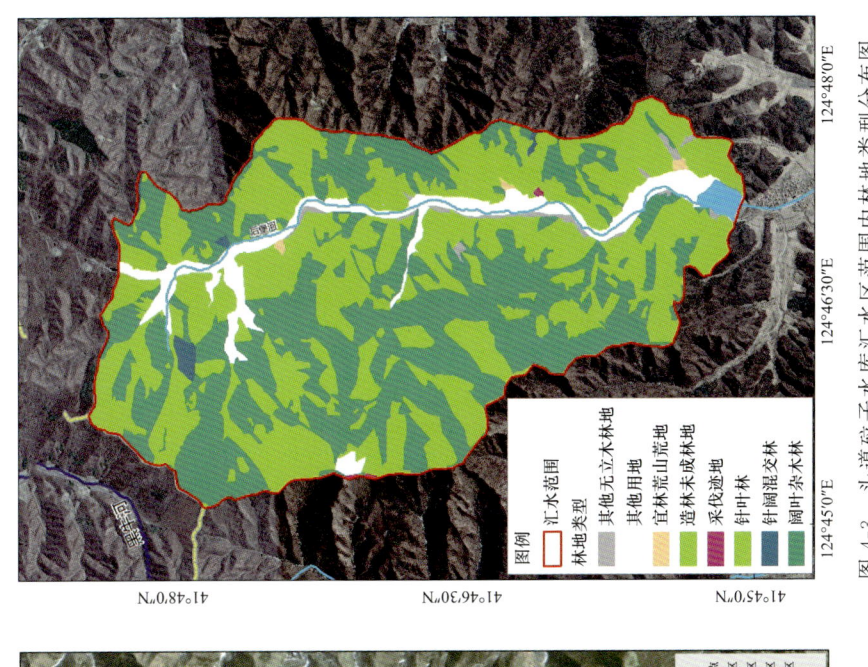

图 4-3 头道岔子水库汇水区范围内林地类型分布图

图 4-2 头道岔子水库饮用水水源地保护区划分图

图 4-1 头道岔子水库河流水域及汇水区域图

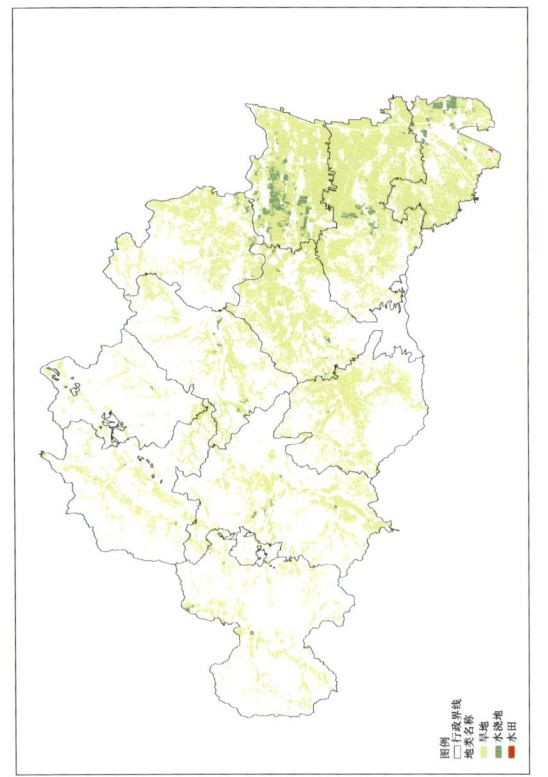

图 5-1 南票区 2020 年度耕地现状分布图

图 5-2 南票区永久基本农田分布图

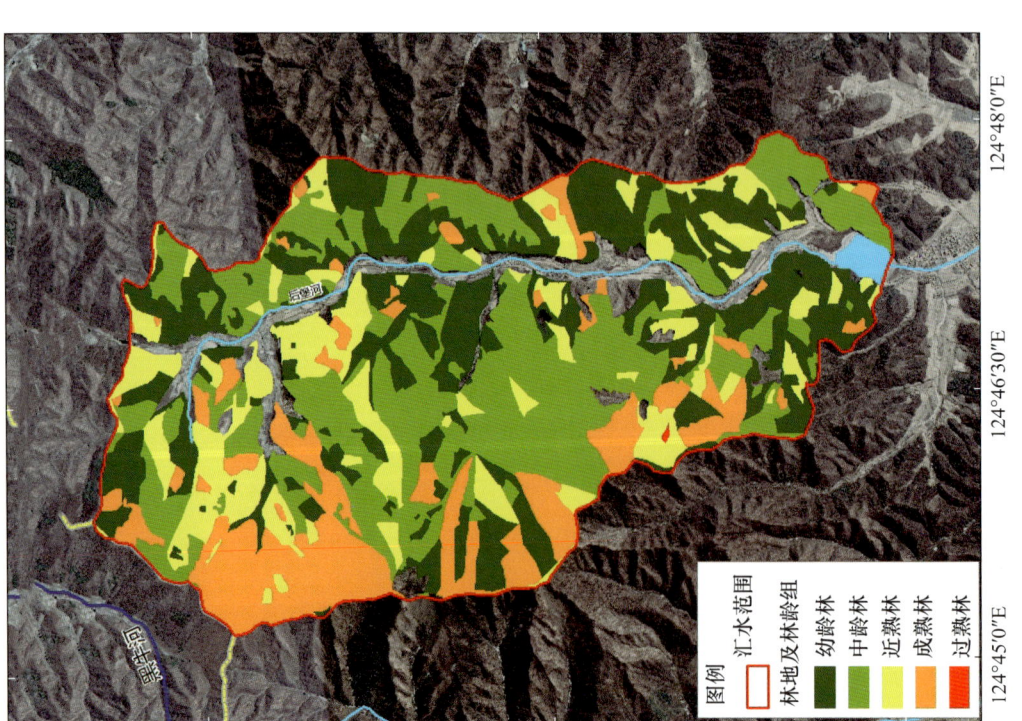

图 4-4 头道砬子水库汇水区范围内林地及林龄组图